JN017290

日常中国語の基本の基本フレーズが身につく本

アプリ

朝から夜まで、毎日使える1300フレーズ

趙怡華
Chao Yihua

はじめに

你好！　こんにちは！

本書では日常生活でよく使われるフレーズを場面別・状況別にまとめています。

あいさつ、お礼、おわび、食事、交流、SNS、エンタメ、ショッピングなど、朝から夜まで毎日の暮らしで使えるやさしいフレーズを1300収録しています。

いずれも短いフレーズですので覚えやすく、すぐに使える便利なフレーズです。

コラムで「中華圏（中国、台湾）のSNS」「SNSでよく使われる用語」「ネットでよく使われる用語」などを紹介していますので参考にしてみてください。

中国語の漢字（簡体字）の中には、例えば『**学生**』（シュエセン）のように日本語と同じ漢字、また『**银行**』（インハン）のように日本語の「銀行」と似ている漢字などがあります。簡体字の中には日本語にないものもありますが、日本人にとって中国語は学びやすい言葉です。

本書の中国語フレーズにはピンインとカタカナ読みをつけています。そして各ページの「語句」の欄に主な単語の意味を載せていますので、初級者の方も簡単な会話ができるようになります。

中国語の発音には四声があります。本書のLesson 1～8のフレーズを「日本語→中国語」の順に録音しています。本書のカタカナ読みは参考程度に、そして実際の発音は中国人（男女）の音声を聞きながら練習してみてください。

本書が皆さんの中国語学習のお役に立てますと幸いです。

目　次

Lesson 6 気持ちを表す

Lesson 7 日常生活の会話

Lesson 8 コミュニケーション

＜音声データについて＞（Track 1 ～ 45）

Lesson 1 ～ Lesson 8 の各フレーズを「日本語→中国語」の順に録音しています。

ナレーター：中国語：斉中凌、李焱
日本語：久末絹代

収録時間：約 100 分

＜音声ダウンロードについて＞

①【ASUKALA】アプリを携帯端末でダウンロード
下記にアクセスして明日香出版社の音声再生アプリ【ASUKALA】をインストールすると、ダウンロードした音声を再生できます。

②音声データをダウンロード
音声データ（MP3 形式）をダウンロードできます。パソコンまたは携帯端末でアクセスしてください。
https://www.asuka-g.co.jp/dl/isbn978-4-7569-2239-7/index.html

※音声の再生には、MP3 ファイルを再生できる機器などが必要です。ご使用の機器、音声再生ソフトなどに関する技術的なご質問はメーカーにお願いいたします。音声ダウンロードサービスは予告なく終了することがあります。

※図書館ご利用者も音声をダウンロードしてご使用可能です。

●人称代名詞

＜単数＞

1人称	**私**	我	wǒ	ウォ
2人称	**あなた**	你 您	nǐ nín	ニ ニン〔丁寧な言い方〕
3人称	**彼** **彼女**	他 她	tā tā	タ タ

＜複数＞

1人称	**私たち**	我们 咱们	wǒ men zán men	ウォ　メン ザン　メン
2人称	**あなたたち**	你们	nǐ men	ニ　メン
3人称	**彼ら** **彼女ら**	他们 她们	tā men tā men	タ　メン タ　メン

■**「あなた」**（2人称単数）

『你』『您』の2通りの言い方があります。『您』は目上の人などに対して、尊敬を込めた言い方です。

■**「私たち」**（1人称複数）

『我们』は相手を含まず、『咱们』は相手も含むときの言い方です。

■事物などを表すとき、『它』『它们』が使われます。

「それ」　『它』　(tā)　(3人称単数)

「それら」　『它们』(tāmen)　(3人称複数)

●指示代名詞 〔物を表す〕

<単数>

これ この	这 这个	zhè zhè ge	ゼ ゼ　ガ
あれ あの	那 那个	nà nà ge	ナ ナ　ガ

<複数>

これら これらの	这些	zhè xiē	ゼ　シェ
あれら あれらの	那些	nà xiē	ナ　シェ

●指示代名詞 〔場所を表す〕

ここ	这儿 这里	zhèr zhè li	ゼル ゼ　リ
あそこ	那儿 那里	nàr nà li	ナル ナ　リ

●月

1月	一月	yí yuè	イ　ユエ
2月	二月	èr yuè	アル　ユエ
3月	三月	sān yuè	サン　ユエ
4月	四月	sì yuè	ス　ユエ
5月	五月	wǔ yuè	ウ　ユエ
6月	六月	liù yuè	リョ　ユエ
7月	七月	qī yuè	チ　ユエ
8月	八月	bā yuè	バ　ユエ
9月	九月	jiǔ yuè	ジョ　ユエ
10月	十月	shí yuè	ス　ユエ
11月	十一月	shí yī yuè	ス　イ　ユエ
12月	十二月	shí èr yuè	ス　アル　ユエ

●四季

春	春天	chūn tiān	ツゥン　ティエン
夏	夏天	xià tiān	シャ　ティエン
秋	秋天	qiū tiān	チョウ　ティエン
冬	冬天	dōng tiān	ドン　ティエン

●曜日

月曜日	星期一	xīng qī yī	シン　チ　イ
火曜日	星期二	xīng qī èr	シン　チ　アル
水曜日	星期三	xīng qī sān	シン　チ　サン
木曜日	星期四	xīng qī sì	シン　チ　ス
金曜日	星期五	xīng qī wǔ	シン　チ　ウ
土曜日	星期六	xīng qī liù	シン　チ　リョ
日曜日	星期日	xīng qī rì	シン　チ　リ
	星期天	xīng qī tiān	シン　チ　ティエン

●日

今日	今天	jīn tiān	ジン　ティエン
昨日	昨天	zuó tiān	ズォ　ティエン
おととい	前天	qián tiān	チェン　ティエン
明日	明天	míng tiān	ミン　ティエン
あさって	后天	hòu tiān	ホウ　ティエン

●週

今週	这星期	zhè xīng qī	ゼ　シン　チ
先週	上星期	shàng xīng qī	サン　シン　チ
来週	下星期	xià xīng qī	シャ　シン　チ

●月

今月	这个月	zhè ge yuè	ゼ　ガ　ユェ
先月	上个月	shàng ge yuè	サン　ガ　ユェ
来月	下个月	xià ge yuè	シャ　ガ　ユェ

●年

今年	今年	jīn nián	ジン　ニェン
去年	去年	qù nián	チュイ　ニェン
おととし	前年	qián nián	チェン　ニェン
来年	明年	míng nián	ミン　ニェン
再来年	后年	hòu nián	ホウ　ニェン

■「～年」の言い方

例 「2017 年」『二零一七年』(èr líng yī qī nián)

●数字

1	一	yī	イ
2	二	èr	アル
	两	liǎng	リャン
3	三	sān	サン
4	四	sì	ス
5	五	wǔ	ウ
6	六	liù	リョ
7	七	qī	チ
8	八	bā	バ
9	九	jiǔ	ジョ
10	十	shí	ス
20	二十	èr shí	アル　ス
30	三十	sān shí	サン　ス
40	四十	sì shí	ス　ス
50	五十	wǔ shí	ウ　ス
99	九十九	jiǔ shi jiǔ	ジョ　ス　ジョ
100	一百	yì bǎi	イ　バイ
200	二百	liǎng bǎi	リャン　バイ
1000	一千	yì qiān	イ　チェン
10000	一万	yí wàn	イ　ワン
1億	一亿	yí yì	イ　イ
1兆	一兆	yí zhào	イ　ザウ

●数の数え方

～個	～个	ge	ガ
～冊	～本	běn	ベン
～回	～遍	biàn	ビェン

「一」の発音

「一」は本来、第１声「yī」です。

・順序を表す「序数」の場合、第１声「yī」です。

・「一」の後ろに第４声や軽声が続くと第２声「yí」になります。

・「一」の後ろに第１声、第２声、第３声が続くと第４声「yì」になります。

例　「一个」　（yí ge）　（1 つ、1 個）
　　「一个月」（yí ge yuè）（1 ヶ月）
　　「一本」　（yì běn）　（1 冊）

「二」と「两」

「2」は２つの言い方があります。

・順序を表す「序数」の場合は「二」（èr）を用います。

・数量を表す場合は「两」（liǎng）を用います。

・「12」「20」は、数量を表す場合は「二」を用います。

例　「两个」（liǎng ge）（2 つ）
　　「十二个」（shí'èr ge）（12 個）
　　「二十个」（èr shí ge）（20 個）

「零」

順序を表す「序数」のときや、電話番号のように数字だけを言うとき、数字と数字の間に「0」があるとき、「零」（líng）を入れて読みます。

例　「101」　一百零一（yì bǎi líng yī）
　　「1001」　一千零一（yì qiān líng yī）

●時間の言い方

9時	九点	jiǔ diǎn ジョ　ディェン
9時5分	九点 五分	jiǔ diǎn wǔ fēn ジョ　ディェン　ウ　フェン
9時15分	九点 十五分	jiǔ diǎn shí wǔ fēn ジョ　ディェン　ス　ウ　フェン
9時30分	九点 三十分	jiǔ diǎn sān shí fēn ジョ　ディェン　サン　ス　フェン
9時半	九点 半	jiǔ diǎn bàn ジョ　ディェン　バン
9時45分	九点 四十五分	jiǔ diǎn sì shi wǔ fēn ジョ　ディェン　ス　ス　ウ　フェン
9時50分	九点 五十分	jiǔ diǎn wǔ shí fēn ジョ　ディェン　ウ　ス　フェン
9時ちょうど	九点 整	jiǔ diǎn zhěng ジョ　ディェン　ゼン
9時ちょっと過ぎ	刚过 九点	gāng guò jiǔ diǎn ガン　グォ　ジョ　ディェン

正午12時	中午 十二点	zhōng wǔ shí'èr diǎn ゾン　ウ　ス　アル　ディェン
夜中の12時	午夜 十二点	wǔ yè shí'èr diǎn ウ　イェ　ス　アル　ディェン

例　今は9時です。　　現在 是 九点。
Xiàn zài shì jiǔ diǎn
シェン ザイ ス ジョ ディェン

もうすぐ9時です。　　快 九点 了。
Kuài jiǔ diǎn le
クァイ ジョ ディェン ラ

●疑問詞

何	什么	shén me	セン　モ
だれ	谁	shéi	スェ
どれ どの	哪 哪个	nǎ nǎ ge	ナ ナ　ガ
どこ	哪儿 哪里	nǎr na li	ナル ナ　リ
いつ	什么 时候	shén me shí hòu	セン　モ　ス　ホウ
いくつ	几	jǐ	ジ
どのように	怎么	zěn me	ゼン　モ

●時間、期間をたずねる

何時	几点	jǐ diǎn	ジ　ディエン
何日	几天	jǐ tiān	ジ　ティエン
何曜日	星期几	xīng qī jǐ	シン　チ　ジ
何ヶ月間	几个月	jǐ ge yuè	ジ　ガ　ユエ
何年	几年	jǐ nián	ジ　ニエン

●日にちの言い方

日付を言うとき、『日』（rì）の代わりに、口語では『号』（hào）を使うこともできます。

1日	一日	yí rì	イ　リ
2日	二日	èr rì	アル　リ
3日	三日	sān rì	サン　リ
4日	四日	sì rì	ス　リ
5日	五日	wǔ rì	ウ　リ
6日	六日	liù rì	リョ　リ
7日	七日	qī rì	チ　リ
8日	八日	bā rì	バ　リ
9日	九日	jiǔ rì	ジョ　リ
10日	十日	shí rì	ス　リ
11日	十一日	shí yī rì	ス　イ　リ
12日	十二日	shí'èr rì	ス　アル　リ
13日	十三日	shí sān rì	ス　サン　リ
14日	十四日	shí sì rì	ス　ス　リ
15日	十五日	shí wǔ rì	ス　ウ　リ
16日	十六日	shí liù rì	ス　リョ　リ
17日	十七日	shí qī rì	ス　チ　リ
18日	十八日	shí bā rì	ス　バ　リ
19日	十九日	shí jiǔ rì	ス　ジョ　リ
20日	二十日	èr shí rì	アル　ス　リ
21日	二十一日	èr shi yī rì	アル　ス　イ　リ
22日	二十二日	èr shi èr rì	アル　ス　アル　リ
23日	二十三日	èr shi sān rì	アル　ス　サン　リ
24日	二十四日	èr shi sì rì	アル　ス　ス　リ
25日	二十五日	èr shi wǔ rì	アル　ス　ウ　リ

26日	二十六日	èr shi liù rì	アル　ス　リョ　リ
27日	二十七日	èr shi qī rì	アル　ス　チ　リ
28日	二十八日	èr shi bā rì	アル　ス　バ　リ
29日	二十九日	èr shi jiǔ rì	アル　ス　ジョ　リ
30日	三十日	sān shí rì	サン　ス　リ
31日	三十一日	sān shi yī rì	サン　ス　イ　リ

●主な動詞

行く	去	qù	チュイ
来る	来	lái	ライ
会う	见	jiàn	ジェン
食べる	吃	chī	ツ
飲む	喝	hē	ハ
使う	用	yòng	ヨン
話す	说	shuō	スゥォ
見る	看	kàn	カン
聞く	听	tīng	ティン
着る、履く	穿	chuān	ツゥアン
歩く、行く	走	zǒu	ゾウ
する、やる	做	zuò	ズゥォ

●主な助動詞

～できる	能	néng	ネン
～する能力〔可能性〕がある	会	huì	フェイ
～する必要がある	要	yào	ヤウ
～したい	想	xiǎng	シャン
～してもよい	可以	kě yǐ	カ　イ
～するつもりである	打算	dǎ suàn	ダ　スゥアン
～すべきだ、～するはずだ	应该	yīng gāi	イン　ガイ

Lesson 1

基本会話

日常会話でよく使う「あいさつ」「お礼」「おわび」「お祝い」「お悔やみ」などの表現、何かについてたずねるときの「何」「誰」「どこ」「いつ」「いくつ」などの表現を覚えましょう。

Track 1

1

出会いのあいさつ

友人・知人に会ったときのあいさつ、一日のあいさつ、初対面のときのあいさつなど、よく使う表現を覚えましょう。

「**你**」(ニ) と「**您**」(ニン) は「あなた」という意味で、「**您**」(ニン) は丁寧な言い方です。中国語の「**大家**」(ダジャ) は「皆さん」という意味です。

●出会ったとき

こんにちは。	你好。 Nǐ hǎo ニ ハウ
こんにちは。	您好。〔丁寧〕 Nín hǎo ニン ハウ
皆さん、こんにちは。	大家好。 Dà jiā hǎo ダ ジャ ハウ
ハイ。／ハロー。	嗨。/ 哈喽。 Hài Hā lōu ハイ ハ ロ

●朝、夜

おはよう。	早上好。 Zǎo shang hǎo ザウ サン ハウ
皆さん、おはよう。	大家早。 Dà jiā zǎo ダ ジャ ザウ
こんばんは。	晚上好。 Wǎn shang hǎo ワン サン ハウ
皆さん、こんばんは。	大家晚上好。 Dà jiā wǎn shang hǎo ダ ジャ ワン サン ハウ

語句

「你」	あなた
「好」	よい
「您」〔丁寧〕	あなた
「大家」	皆さん
「早上」	朝
「晚上」	夜、晩

●久しぶりに会ったとき

お久しぶり。	好久不见。 Hǎo jiǔ bú jiàn ハウ ジョ ブ ジェン
元気？	你好吗? Nǐ hǎo ma ニ ハウ マ
ご家族はみんな元気ですか？	家人都好吗? Jiā rén dōu hǎo ma ジャ レン ドゥ ハウ マ
皆、元気です。	都很好。 Dōu hěn hǎo ドウ ヘン ハウ
最近どう？	最近如何? Zuì jìn rú hé ズゥェ ジン ル ハ
最近、仕事はどう？	最近工作还好吗? Zuì jìn gōng zuò hái hǎo ma ズゥェ ジン ゴン ズゥォ ハイ ハウ マ
最近いかが(お過ごしですか)？	最近可好? Zuì jìn kě hǎo ズゥェ ジン カ ハウ
あなたは？	你呢? Nǐ ne ニ ナ
まあまあです。	马马虎虎。 Mǎ mǎ hū hū マ マ フ フ

語句

「好久」	長い間
「家人」	家族
「都」	皆、みんな、すべて
「工作」	仕事

●初対面のとき

はじめまして。

初次见面。
Chū cì jiàn miàn
ツゥ ツ ジェン ミェン

私は李です。

我是小李。
Wǒ shì xiǎo Lǐ
ウォ ス シャウ リ

お会いできてうれしいです。

很高兴认识您。
Hěn gāo xìng rèn shi nín
ヘン ガウ シン レン ス ニン

お名前はかねがね伺っております。

久仰久仰。
Jiǔ yǎng jiǔ yǎng
ジョ ヤン ジョ ヤン

私の名刺です。

这是我的名片。
Zhè shì wǒ de míng piàn
ゼ ス ウォ ダ ミン ピェン

お名刺をいただけますか？

可以给张名片吗?
Kě yǐ gěi zhāng míng piàn ma
カ イ ゲイ ザン ミン ピェン マ

一緒にお仕事できて光栄です。

很荣幸可以跟您一起工作。
Hěn róng xìng kě yǐ gēn nín yì qǐ gōng zuò
ヘン ロン シン カ イ ゲン ニン イ チ ゴン ズゥォ

よろしくお願いします。

请多关照。
Qǐng duō guān zhào
チン ドゥォ グァン ザウ

語句		
	「初次」	初めて
	「高兴」	うれしい、喜ばしい
	「认识」	知り合う
	「名片」	名刺
	「跟～」	～と
	「一起」	一緒に

Track 2

別れのあいさつ

別れるときのあいさつは「**再见**」（ザイジェン）が一般的です。英語の Bye Bye. と同じ発音の「**拜拜**」（バイバイ）も使われます。

「～さんによろしく」は「**向～问好**」（シャン～ウェンハウ）などが使われます。

さようなら。	再见。 Zài jiàn ザイ ジェン
バイバイ。	拜拜。 Bāi bai バイ バイ
またあとで。	待会儿见。 Dāi huìr jiàn ダイ フェア ジェン
また明日。	明天见。 Míng tiān jiàn ミン ティェン ジェン
明日７時に。	明天七点见。 Míng tiān qī diǎn jiàn ミン ティェン チ ディェン ジェン
また来週。	下周见。 Xià zhōu jiàn シャ ゾォ ジェン
気をつけて。	慢走。 Màn zǒu マン ゾウ
体に気をつけて。	注意身体。 Zhù yì shēn tǐ ズゥ イ セン ティ

語句		
	「会儿」	少しの間、しばらくの間
	「明天」	明日
	「七点」	７時
	「下周」	来週
	「走」	出かける、行く、歩く
	「身体」	体

●別れる

お元気で。
请多保重。
Qǐng duō bǎo zhòng
チン ドゥォ バウ ゾン

お世話になりました。
谢谢你的照顾。
Xiè xie nǐ de zhào gù
シェ シェ ニ ダ ザウ グ

奥さんによろしく。
向你太太问好。
Xiàng nǐ tài tai wèn hǎo
シャン ニ タイ タイ ウェン ハウ

社長によろしく。
向老板问好。
Xiàng lǎo bǎn wèn hǎo
シャン ラウ バン ウェン ハウ

ご家族によろしくお伝えください。
请代为问候您的家人。
Qǐng dài wéi wèn hòu nín de jiā rén
チン ダイ ウェイ ウン ホウ ニン ダ ジャ レン

私を忘れないでください。
不要忘记我。
Bú yào wàng jì wǒ
ブ ヤウ ワン ジ ウォ

ずっとあなたのことを忘れません。
我不会忘记你的。
Wǒ bú huì wàng jì nǐ de
ウォ ブ フェ ワン ジ ニ ダ

道中ご無事で。
一路平安。/ 一路顺风。
Yí lù píng ān / Yí lù shùn fēng
イ ル ピン アン / イ ル スゥン フォン

語句		
	「保重」	自愛する、体に注意する
	「照顾」	世話する、配慮する
	「你太太」	あなたの奥さん
	「问候」	よろしく言う、ご機嫌を伺う
	「忘记」	忘れる、覚えていない
	「一路」	道中、旅の途中

●見送る

お話しできて楽しかった。
跟你聊天很开心。
Gēn nǐ liáo tiān hěn kāi xīn
ゲン ニ リャウ ティェン ヘン カイ シン

来てくれてありがとう。
谢谢你能来。
Xiè xie nǐ néng lái
シェ シェ ニ ネン ライ

また来てください。
欢迎下次再来。
Huān yíng xià cì zài lái
ファン イン シャ ツ ザイ ライ

●帰るとき

そろそろ行かないと。
我要走了。
Wǒ yào zǒu le
ウォ ヤウ ゾウ ラ

そろそろ帰りましょう。
差不多该告辞了。
Chà bù duō gāi gào cí le
ツァ ブ ドゥォ ガイ ガウ ツ ラ

お先に。
我先走了。
Wǒ xiān zǒu le
ウォ シェン ゾウ ラ

失礼します。
告辞了。
Gào cí le
ガウ ツ ラ

お疲れさまでした。
辛苦了。
Xīn kǔ le
シン ク ラ

語句		
	「聊天」	おしゃべりする
	「开心」	楽しい
	「差不多」	およそ、ほとんど、そろそろ
	「该～」	～する必要がある
	「告辞」	おいとまする、失礼する
	「辛苦」	苦労する

Track 3

お礼、おわび

「ありがとう」の言葉を使うシーンは多くあります。日本語の「ありがとう」の当て字で「**阿里阿多**（アリアドゥォ）」を使う人もいます。あやまるときに「**请原谅我**（許してください）」のように「**请**」を使うと丁寧な言い方になります。

●お礼

ありがとう。	谢谢。 Xiè xie シェ シェ
ありがとうございます。	谢谢您。 Xiè xie nín シェ シェ ニン
本当にありがとう。	真的谢谢。 Zhēn de xiè xie ゼン ダ シェ シェ
どうも（ありがとう）。	谢啦。 Xiè la シェ ラ
皆さん、ありがとう。	谢谢大家。 Xiè xie dà jiā シェ シェ ダ ジャ
感謝します。	感谢。 Gǎn xiè ガン シェ
心から感謝します。	衷心感谢。 Zhōng xīn gǎn xiè ゾン シン ガン シェ
親切ね。	很亲切。 Hěn qīn qiè ヘン チン チェ

語句

「您」〔丁寧〕	あなた
「真的」	本当に、実に
「大家」	皆さん
「衷心」	心から
「亲切」	親切である

プレゼントをありがとう。	谢谢你的礼物。 Xiè xie nǐ de lǐ wù シェ シェ ニ ダ リ ウ
電話をありがとう。	谢谢你的电话。 Xiè xie nǐ de diàn huà シェ シェ ニ ダ ディェン ファ
おもてなしありがとう。	谢谢招待。 Xiè xie zhāo dài シェ シェ ザウ ダイ
来てくれてありがとう。	谢谢你来。 Xiè xie nǐ lái シェ シェ ニ ライ
話してくれてありがとう。	谢谢你告诉我。 Xiè xie nǐ gào su wǒ シェ シェ ニ ガウ スウ ウォ
助けてくれてありがとう。	谢谢你的帮忙。 Xiè xie nǐ de bāng máng シェ シェ ニ ダ バン マン
お手間をおかけしました。	麻烦您了。 Má fan nín le マ ファン ニン ラ
とても助かった。	真是帮了我的大忙。 Zhēn shì bāng le wǒ de dà máng ゼン ス バン ラ ウォ ダ ダ マン

語句

「礼物」	プレゼント
「电话」	電話
「告诉」	告げる、話す、知らせる
「帮忙」	手助けする、手伝う
「麻烦」	じゃまをする
「帮」	助ける、手伝う

●おわび

ごめんね。／ごめんなさい。　抱歉。
Bào qiàn
バウ チェン

すみません。　对不起。
Duì bu qǐ
ドェ ブ チ

本当にごめんなさい。　真不好意思。
Zhēn bù hǎo yì si
ゼン ブ ハウ イ ス

申し訳ない。　真是抱歉。
Zhēn shì bào qiàn
ゼン ス バウ チェン

許して。　原谅我。
Yuán liàng wǒ
ユェン リャン ウォ

許してください。　请原谅我。
Qǐng yuán liàng wǒ
チン ユェン リャン ウォ

すべて、私が悪いの。　都是我不好。
Dōu shì wǒ bù hǎo
ドゥ ス ウォ ブ ハウ

もう二度としない。　下次不敢了。
Xià cì bù gǎn le
シャ ツ ブ ガン ラ

語句		
	「抱歉」	申し訳なく思う
	「真」	本当に
	「原谅」	許す、大目に見る
	「都是」	すべて、完全に
	「下次」	次回
	「敢～」	あえて～する

Track 4

お祝い、お悔やみ

お祝いしたり、お悔やみの気持ちを伝えるときに使われる表現を覚えましょう。「～おめでとう」は「**恭喜**（ゴンシ）～」「**～快乐**（クァイラ）」などがよく使われます。

●祝う

おめでとう。	恭喜。 Gōng xǐ ゴン シ
おめでとうございます。	恭喜恭喜。 Gōng xǐ gōng xǐ ゴン シ ゴン シ
お誕生日おめでとう。	生日快乐。 Shēng rì kuài lè セン リ クァイ ラ
新年おめでとう！	新年快乐! Xīn nián kuài lè シン ニエン クァイ ラ
メリークリスマス！	圣诞节快乐! Shèng dàn jié kuài lè セン ダン ジェ クァイ ラ
良いバレンタインデーを。	情人节快乐。 Qíng rén jié kuài lè チン レン ジェ クァイ ラ
大学合格おめでとう。	恭喜顺利考上大学。 Gōng xǐ shùn lì kǎo shàng dà xué ゴン シ スゥン リ カウ サン ダ シュエ
ご入学おめでとう。	恭喜入学。 Gōng xǐ rù xué ゴン シ ル シュエ
ご卒業おめでとう。	恭喜毕业。 Gōng xǐ bì yè ゴン シ ビェ イェ

語句

「圣诞节」	クリスマス
「情人节」	バレンタインデー
「顺利」	うまく進む、順調である
「考上」	試験に合格する

●結婚、出産を祝う

ご結婚おめでとう。	新婚快乐。 Xīn hūn kuài lè シン フン クァイ ラ
お幸せに。	祝你幸福。 Zhù nǐ xìng fú ズゥ ニ シン フ
末永くお幸せに。	祝福二位永远幸福快乐。 Zhù fú èr wèi yǒng yuǎn xìng fú kuài lè ズゥ フ アウェイヨン ユェン シン フ クァイ ラ
生涯一緒に(添い遂げてください)。	百年好合。 Bǎi nián hǎo hé バイ ニェン ハウ ハ
共に白髪になるまで(添い遂げてください)。	白头偕老。 Bái tóu xié lǎo バイ トウ シェ ラウ
早くお子さんを。	早生贵子。 Zǎo shēng guì zǐ ザウ セン クェ ズ
赤ちゃんのお誕生おめでとうございます。〔男の子〕	恭祝喜获麟儿。 Gōng zhù xǐ huò lín ér ゴン ズゥ シ フォ リン ア
赤ちゃんのお誕生おめでとうございます。〔女の子〕	恭祝喜获千金。 Gōng zhù xǐ huò qiān jīn ゴン ズゥ シ フォ チェン ジン

語句		
	「二位」	ふたり
	「永远」	永遠に、いつまでも
	「百年」	長い年月、生涯
	「白头」	白髪頭
	「偕老」	老いるまで仲良く暮らす
	「获」	得る

●願う

健康でありますように。

祝您身体健康。
Zhù nín shēn tǐ jiàn kāng
ズゥ ニン セン ティ ジェン カン

新しい仕事がうまくいきますように。

祝你新工作顺利。
Zhù nǐ xīn gōng zuò shùn lì
ズゥ ニ シン ゴン ズゥオ スゥン リ

早く良くなりますように。

祝你早日康复。
Zhù nǐ zǎo rì kāng fù
ズゥ ニ ザウ リ カン フ

すべてがうまく行きますように。

万事如意。
Wàn shì rú yì
ワン ス ル イ

商売が繁盛しますように。

生意兴隆。
Shēng yì xīng lóng
セン イ シン ロン

●乾杯する

乾杯！

干杯!
Gān bēi
ガン ベイ

あなたに乾杯！

为你干杯!
Wèi nǐ gān bēi
ウェイ ニ ガン ベイ

私たちに乾杯！

为我们干杯!
Wèi wǒ men gān bēi
ウェイ ウォ メン ガン ベイ

語句		
	「工作」	仕事
	「康复」	回復する、健康を取り戻す
	「如意」	思い通りになる
	「生意」	商売、ビジネス
	「兴隆」	繁盛している
	「为～」	～のために

●お悔やみ

心からお悔やみ申し上げます。

衷心表示哀悼。
Zhōng xīn biǎo shì āi dào
ズォン シン ビャウ ス アイ ダウ

ご冥福をお祈りいたします。

祈祷故人安息。
Qí dǎo gù rén ān xī
チ ダウ グ レン アン シ

お気の毒です。

深表同情。
Shēn biǎo tóng qíng
セン ビャウ トン チン

ご愁傷さまです。

节哀顺变。
Jié ā shùn biàn
ジェ アイ スゥン ビェン

心中お察しします。

我想你一定很伤心。
Wǒ xiǎng nǐ yí dìng hěn shāng xīn
ウォ シャン ニ イ ディン ヘン サン シン

お悲しみお察しします。

我理解你的悲伤。
Wǒ lǐ jiě nǐ de bēi shāng
ウォ リ ジェ ニ ダ ベイ サン

早く元気になってください。

希望你尽快振作。
Xī wàng nǐ jǐn kuài zhèn zuò
シ ワン ニ ジン クァイ ゼン ズォ

早く良くなってください。

希望你快点好起来。
Xī wàng nǐ kuài diǎn hǎo qǐ lái
シ ワン ニ クァイ ディェン ハウ チ ライ

語句		
	「衷心」	心からの
	「顺变」	変化に順応する
	「伤心」	悲しむ
	「悲伤」	悲しみ
	「尽快」	できるだけ早く
	「振作」	気持ちを奮い立たせる

中国の主な祝日、行事

「元旦」	(元旦)	(1月1日)
「春节」	(旧正月)	
「清明节」	(清明節)	(4月5日)
「端午节」	(端午節)	(5月5日)
「中秋节」	(中秋節)	(8月15日)
「重阳节」	(重陽節)	(9月9日)
「国庆节」	(建国記念日)	(10月1日)
「愚人节」	(エイプリルフール)	(4月1日)
「青年节」	(青年の日)	(5月4日)
「母亲节」	(母の日)	(5月第2日曜)
「父亲节」	(父の日)	(6月第3日曜)
「儿童节」	(子供の日)	(6月1日)
「教师节」	(教師の日)	(9月10日)
「情人节」	(バレンタイン)	(2月14日)
「圣诞节」	(クリスマス)	(12月25日)

Track 5

たずねる

人、物、場所、時間などについてたずねるときの表現を覚えましょう。年齢をたずねるとき、相手が子供の場合は「**你几岁了?**」（いくつ？）、若い人、同年齢の人には「**你多大了?**」（おいくつですか？）、年輩の人には「**您多大年纪了?**」（おいくつでいらっしゃいますか？）などが使われます。

●何、誰

何？	什么? Shén me セン モ
これは何ですか？	这是什么? Zhè shì shén me ゼ ス セン モ
あれは何ですか？	那是什么? Nà shì shén me ナ ス セン モ
何て言ったの？	你说什么? Nǐ shuō shén me ニ スゥオ セン モ
誰？	谁? Shéi スェ
彼は誰ですか？	他是谁? Tā shì shéi タ ス スェ
彼女は誰ですか？	她是谁? Tā shì shéi タ ス スェ
あの人は誰ですか？	那个人是谁? Nà ge rén shì shéi ナ ガ レン ス スェ
どの人？	哪个人? Nǎ ge rén ナ ガ レン

語句		
	「说」	言う、話す
	「他」「她」	彼、彼女
	「那个人」	あの人

●どこ

どこ？	哪里? Nǎ li ナ リ
駅はどこですか？	车站在哪里? Chē zhàn zài nǎ li ツェ ザン ザイ ナ リ
李さんはどこ？	小李在哪里? Xiǎo Lǐ zài nǎ li シャウ リ ザイ ナ リ
どこへ行くの？	你去哪里? Nǐ qù nǎ li ニ チュイ ナ リ

●いつ

いつ？	什么时候? Shén me shí hou セン モ ス ホウ
いつ始まる？	什么时候开始的? Shén me shí hou kāi shǐ de セン モ ス ホウ カイ ス ダ
いつから？	从什么时候? Cóng shén me shí hou ツォン セン モ ス ホウ
いつまで？	到什么时候? Dào shén me shí hou ダウ セン モ ス ホウ

語句		
	「车站」	駅、停車場、停留所
	「小～」	～さん、～ちゃん
	「去」	行く
	「开始」	始まる
	「从～」	～から
	「到～」	～まで

●何時

何時？

几点?
Jǐ diǎn
ジ ディェン

何時ごろ？

几点左右?
Jǐ diǎn zuǒ yòu
ジ ディェン ズォ ヨ

何時に始まる？

几点开始?
Jǐ diǎn kāi shǐ
ジ ディェン カイ ス

何時まで？

到几点?
Dào jǐ diǎn
ダウ ジ ディェン

何時に会いましょうか？

我们几点见?
Wǒ men jǐ diǎn jiàn
ウォ メン ジ ディェン ジェン

●どうして

どうして？／なぜ？

为什么?
Wèi shén me
ウェ セン モ

どうしてそうなの？

为什么这样?
Wèi shén me zhè yàng
ウェ セン モ ゼ ヤン

どうしてダメなの？

为什么不行?
Wòi chón mo bù xíng
ウェ セン モ ブ シン

語句		
	「左右」	～くらい、～前後
	「我们」	私たち
	「见」	会う
	「这样」	このような、そのような
	「不行」	よくない、ダメだ

●どれ

どれ？	哪个? Nǎ ge ナ ガ
どれがいいですか？	哪个好? Nǎ ge hǎo ナ ガ ハウ
どれでもいいよ。	哪个都行。 Nǎ ge dōu xíng ナ ガ ドウ シン

●どう

どう？	如何? Rú hé ル ハ
これはどう？	这个如何? Zhè ge rú hé ゼ ガ ル ハ
これはどう？	这个怎么样? Zhè ge zěn me yàng ゼ ガ ゼン モ ヤン
あなたはどう？	你怎么样? Nǐ zěn me yàng ニ ゼン モ ヤン

語句

「好」	良い
「哪个」	どれ、どの
「这个」	これ、この
「怎么样」	どう

●どうやって

どうやって？

怎么做?
Zěn me zuò
ゼン モ ズゥォ

どうする？

怎么办?
Zěn me bàn
ゼン モ バン

●いくつ

いくつ？／何個？

几个?
Jǐ ge
ジ ガ

●いくら

いくら？

多少钱?
Duō shao qián
ドゥォ サウ チェン

これはいくらですか？

这个多少钱?
Zhè ge duō shao qián
ゼ ガ ドゥォ サウ チェン

●どれくらい

どれくらい？〔時間〕

多久?
Duō jiǔ
ドゥォ ジョ

語句		
	「做」	する、やる、作る
	「办」	行う、処理する
	「多少」	どれくらう、どれほど
	「钱」	お金、貨幣、代金
	「久」	（時間が）長い

Track 6

返事をする

返事をするとき、中国語では様々な言い方があります。それぞれの状況に合った表現を学びましょう。

はい。	是。 Shì ス
いいえ。	不是。 Bú shì ブ ス
あります。	有。 Yǒu ヨ
ありません。	没有。 Méi yǒu メイ ヨ
いいです。	行。/ 可以。 Xíng Kě yǐ シン カ イ
ダメです。	不行。 Bù xíng ブ シン
いります。	需要。 Xū yào シュィ ヤウ
いりません。	不需要。 Bù xū yào ブ シュィ ヤウ

語句		
	「是」	そうである
	「不～」	～ない
	「有」	ある、持っている
	「没有」	～ない
	「可以」	できる、してもよい
	「需要」	必要とする

●理解

わかります。	**懂。** Dǒng ドン
わかりません。	**不懂。** Bù dǒng ブ ドン
よくわかりません。	**听不太懂。** Tīng bú tài dǒng ディン ブ タイ ドン
わかりました。	**知道了。/ 明白了。** Zhī dao le　Míng bai le ズ ダウ ラ　ミン バイ ラ
わかりません。	**我不知道。** Wǒ bù zhī dao ウォ ブ ズ ダウ

●あいまい

どちらとも言えない。	**不一定。** Bù yí dìng ブ イ ディン
ちょっと答えられない。	**没办法回答。** Méi bàn fǎ huí dá メイ バン ファ フェ ダ

語句		
	「听」	聴く
	「不太」	あまり～ない、それほど～ない
	「知道」	わかっている、知っている
	「明白」	わかる、理解する
	「一定」	確定している、定まった
	「办法」	やり方、方法

●いいですよ

私はいいよ。

我可以。
Wǒ kě yǐ
ウォ カ イ

私はかまわないよ。

我没意见。
Wǒ méi yì jiàn
ウォ メイ イ ジェン

何時でもいいよ。

几点都行。
Jǐ diǎn dōu xíng
ジ ディェン ドゥ シン

どれでもいいよ。

哪个都行。
Nǎ ge dōu xíng
ナ ガ ドゥ シン

どこでもいいよ。

哪里都行。
Nǎ li dōu xíng
ナ リ ドゥ シン

誰でもいいよ。

谁都行。
Shéi dōu xíng
スェ ドゥ シン

何でもいいよ。

随便。
Suí biàn
スェ ビェン

何でも大丈夫。

都可以。
Dōu kě yǐ
ドゥ カ イ

語句		
	「几点」	何時
	「行」	よい
	「哪个」	どれ
	「哪里」	どこ
	「谁」	誰

Lesson 2

「おはよう」から「おやすみ」まで

朝起きてから夜寝るまで、毎日の生活でよく使う表現、「衣食住」「家事」「入浴、就寝」などに関する表現を覚えましょう。

Track 7

朝、出かける

朝のあいさつ、朝食、身じたく、出かけるときの表現を覚えましょう。中国語の「去」（チュィ）は「行く」という意味です。

おはよう。	早上好。 Zǎo shang hǎo ザウ サン ハウ
起きて。	起床啦。 Qǐ chuáng la チ ツゥァン ラ
起きる時間だよ。	该起床了。 Gāi qǐ chuáng le ガイ チ ツゥァン ラ
もう７時だよ。	七点了哦。 Qī diǎn le o チ ディェン ラ オ
起きてる？	起来了吗? Qǐ lai le ma チ ライ ラ マ
まだ寝てるの？	你还在睡呀? Nǐ hái zài shuì ya ニ ハイ ザイ スェ ヤ
あと５分寝させて。	再让我睡五分钟。 Zài ràng wǒ shuì wǔ fēn zhōng ザイ ラン ウォ スェ ウ フェン ゾン
眠い。	好困。 Hǎo kùn ハウ クン

語句

「早上」	朝
「该～」	～しなければならない、～する必要がある
「～吗？」	～か？　～ですか？
「还」	まだ、依然として
「让」	～させる
「困」	眠い

もうすぐご飯よ。

快吃饭啦。
Kuài chī fàn la
クァイ ツ ファン ラ

夕べよく眠れた？

昨晚睡得好吗?
Zuó wǎn shuì de hǎo ma
ズゥォ ワン スェ ダ ハウ　マ

夕べよく眠れなかった。

昨晚没睡好。
Zuó wǎn méi shuì hǎo
ズゥォ ワン メイ スェハウ

寝不足。

睡不饱。
Shuì bù bǎo
スェ ブ バウ

寝坊した。

睡过头了。
Shuì guò tóu le
スェ グォ トゥ ラ

遅刻するよ。

快迟到了。
Kuài chí dào le
クァイ ツ ダウ ラ

何を作ってるの？

你在做什么?
Nǐ zài zuò shén me
ニ ザイ ズゥオ セン モ

今日のおかずは何？

今天有什么菜?
Jīn tiān yǒu shén me cài
ジン ティェン ヨ セン モ ツァイ

語句		
	「快」	すぐ、まもなく
	「睡」	眠る
	「饱」	充実している、いっぱいである
	「过头」	超える、行き過ぎである
	「迟到」	遅れて到着する、遅刻する
	「做」	する、やる、作る

●朝食

朝ご飯よ。

早饭做好了。
Zǎo fàn zuò hǎo le
ザウ ファン ズゥォ ハウ ラ

起きてご飯を食べて。

起床吃饭了。
Qǐ chuáng chī fàn le
チ ツゥァン ツ ファン ラ

すぐに行くよ。

马上来。
Mǎ shàng lái
マ サン ライ

いいにおい。

好香。
Hǎo xiāng
ハウ シャン

おいしそう。

看起来挺好吃。
Kàn qǐ lái tǐng hǎo chī
カン チ ライ ティン ハウ ツ

どう？

怎么样?
Zěn me yàng
ゼン モ ヤン

おいしい？

好吃吗?
Hǎo chī ma
ハウ ツ マ

おいしい！

很好吃!
Hěn hǎo chī
ヘン ハウ ツ

語句		
	「早饭」	朝食
	「～吧」	～しよう、～しなさいよ
	「马上」	すぐに
	「来」	(呼ばれて) 来る
	「看起来～」	～に見える
	「好吃」	おいしい

●出かける準備

時間だよ。	时间到了。 Shí jiān dào le ス ジェン ダウ ラ
出かける時間だよ。	该出门了。 Gāi chū mén le ガイ ツゥ メン ラ
準備はいい？	都准备好了吗? Dōu zhǔn bèi hǎo le ma ドォ ズゥン ベイ ハウ ラ マ
急いで。	快点。 Kuài diǎn クァイ ディェン
早く用意して。	快准备一下。 Kuài zhǔn bèi yí xià クァイ ズゥン ベイ イ シャ
今やってるよ。	我在做了。 Wǒ zài zuò le ウォ ザイ ズゥォ ラ
用意できたよ。	我准备好了。 Wǒ zhǔn bèi hǎo le ウォ ズゥン ベイ ハウ ラ

語句		
	「出门」	外出する、出かける
	「准备」	準備
	「一下」	ちょっと
	「在～」	～している
	「做」	する、やる、作る

●持ち物の確認

持ち物は大丈夫？
东西都带全了吗?
Dōng xi dōu dài quán le ma
ドン シ ドォ ダイ チュエン ラ マ

忘れ物はない？
有没有忘了什么?
Yǒu méi yǒu wàng le shén me
ヨ メイ ヨ ワン ラ セン モ

カギ、どこに行った？
钥匙跑到哪里去了?
Yào shi pǎo dào nǎ li qù le
ヤゥ ス パウ ダゥ ナ リ チュィ ラ

携帯を忘れた。
忘了带手机。
Wàng le dài shǒu jī
ワン ラ ダイ ソゥ ジ

モバイルバッテリーを持った？
充电宝带了吗?
Chōng diàn bǎo dài le ma
ツォン ディェン バウ ダイ ラ マ

上着、持って行ったほうがいいよ。
带件外套出门吧。
Dài jiàn wài tào chū mén ba
ダイ ジェン ワイ タゥ ツゥ メン バ

語句		
	「东西」	物
	「带」	持って行く、身につける、携帯する
	「钥匙」	カギ
	「手机」	携帯電話
	「充电」	充電する
	「外套」	コート、ジャケット、上着

●家を出る

いってらっしゃい。
慢走。
Màn zǒu
マン ゾウ

行ってきます。
我出门了。
Wǒ chū mén le
ウォ ツゥ メン ラ

学校に行ってきます。
我去上学了。
Wǒ qù shàng xué le
ウォ チュィ サン シュエ ラ

会社に行ってくるね。
我去上班了。
Wǒ qù shàng bān le
ウォ チュィ サン バン ラ

車で行こう。
坐车去。
Zuò chē qù
ズゥオ ツェ チュイ

何時に戻るの？
几点回来?
Jǐ diǎn huí lái
ジ ディェン フェ ライ

いつ戻る？
你什么时候回家?
Nǐ shén me shí hou huí jiā
ニ セン モ ス ホウ フェ ジャ

今日は遅くなると思う。
今天会晚点回家。
Jīn tiān huì wǎn diǎn huí jiā
ジン ティェン フェ ワン ディェン フェ ジャ

語句		
	「出门」	外出する、出かける
	「上学」	学校へ行く、登校する
	「上班」	出勤する
	「回来」	帰って来る、戻って来る
	「什么时候」	いつ
	「晚点」	遅れる、遅くなる

●見送る

気をつけてね。

小心。
Xiǎo xīn
シャウ シン

気をつけていってらっしゃい。

路上小心。
Lù shang xiǎo xīn
ル サン シャウ シン

車に気をつけて。

小心车子。
Xiǎo xīn chē zi
シャウ シン ツェ ズ

車の運転に気をつけて。

开车小心。
Kāi chē xiǎo xīn
カイ ツェ シャウ シン

向こうに着いたら連絡して。

到了后联系我。
Dào le hòu lián xì wǒ
ダウ ラ ホウ リエン シ ウォ

語句		
	「路上」	道中、途中
	「车子」	車、車両
	「开车」	車を運転する
	「到」	着く、到着する
	「～后」	～のあと
	「联系」	連絡する、連絡を取る

Track 8

2

食事

食事に関する表現（テーブルの用意、食べる、おかわりをする、片づけなど）を覚えて、一緒に食事をする人との会話を楽しみましょう。

●食事

夕食の仕度をしなくちゃ。	该做晚饭了。 Gāi zuò wǎn fàn le ガイ ズゥォ ワン ファン ラ
おなかすいた？	肚子饿了吗? Dù zi è le ma ドゥ ズ ア ラ マ
おなかすいた。	肚子好饿。 Dù zi hǎo è ドゥ ズ ハウ ア
夕食は何？	晚饭是什么? Wǎn fàn shì shén me ワン ファン ス セン モ
今日はカレーだよ。	今天吃咖喱。 Jīn tiān chī Gā li ジン ティェン ツ ガ リ
テーブルに運んで。	拿到桌子去。 Ná dào zhuō zi qù ナ ダウ ズゥオ ズ チュイ
お茶碗一つ持ってきて。	拿个碗来。 Ná ge wǎn lái ナ ガ ワン ライ
お箸を持ってきて。	拿双筷子来。 Ná shuāng kuài zi lái ナ スゥアン クァイ ズ ライ

語句

「晚饭」	夕食、晩ご飯
「肚子」	おなか
「饿」	空腹である
「拿」	持つ
「桌子」	テーブル、机
「筷子」	お箸

（ご飯を）いただこう。	吃吧。 Chī ba ツ パ
おいしそう。	看起来好好吃。 Kàn qǐ lai hǎo hǎo chī カン チ ライ ハウ ハウ ツ
いいにおい。	好香。 Hǎo xiāng ハウ シャン
味、どう？	味道还可以吗? Wèi dào hái kě yǐ ma ウェイ ダウ ハイ カ イ マ
おいしい？	好吃吗? Hǎo chī ma ハウ ツ マ
おいしいよ。	好吃。 Hǎo chī ハウ ツ
この料理、本当においしい。	这道菜真好吃。 Zhè dào cài zhēn hǎo chī ゼ ダウ ツァイ ゼン ハウ ツ
スープはある？	有汤吗? Yǒu tāng ma ヨ タン マ

語句		
	「～吧」	～しよう
	「好吃」	おいしい
	「味道」	味、味わい
	「菜」	料理、おかず、野菜
	「真」	本当に、確かに
	「汤」	スープ、吸い物

ゆっくり食べて。	吃慢点。 Chī màn diǎn ツ マン ディェン
もっといる？	还要吗? Hái yào ma ハイ ヤウ マ
おかわり！	再来一碗! Zài lái yì wǎn ザイ ライ イ ワン
どれくらい？	要多少? Yào duō shao ヤウ ドゥォ サウ
これくらい？	这样吗? Zhè yàng ma ゼ ヤン マ
うん。	嗯。 En ン
のどが渇いた？	渴吗? Kě ma カ マ
お水を飲む？	喝水吗? Hē shuǐ ma ハ スェ マ

語句

「慢」	ゆっくり、緩やかである
「还」	更に、そのうえ
「要」	いる、必要とする
「多少」	どれくらい、いくらか
「这样」	このような、そのような
「喝」	飲む

好き嫌いはダメよ。	不可以挑食。 Bù kě yǐ tiāo shí ブ カ イテャウス
体にいいよ。	对身体很好。 Duì shēn tǐ hěn hǎo ドゥエ セン ティ ヘン ハウ
全部食べた？	全吃光了吗? Quán chī guāng le ma チュエン ツ グァン ラ マ
きれいに食べたよ。	吃干净了。 Chī gān jìng le ツ ガン ジン ラ
ご飯、こぼしちゃったよ。	掉饭粒啦。 Diào fàn lì la デャウ ファン リ ラ
もう食べないの？	你不吃了吗? Nǐ bù chī le ma ニ ブ ツ ラ マ
食べ終わった？	吃完了吗? Chī wán le ma ツ ワン ラ マ
食べ終わったよ。	我吃完了。 Wǒ chī wán le ウォ ツ ワン ラ

語句		
	「挑食」	偏食する
	「对」	～に対して、～について
	「吃光」	食べ尽くす、たいらげる
	「干净」	きれいである、すっきりしている
	「掉」	落とす、こぼす

●満腹

おなかいっぱい？	吃饱了吗? Chī bǎo le ma ツ バウ ラ マ
おなかいっぱい。	好饱。 Hǎo bǎo ハウ バウ
もう食べられない。	吃不下了。 Chī bú xià le ツ ブ シャ ラ
もういらない。	不要了。 Bú yào le ブ ヤウ ラ
ごちそうさま。	吃饱了。 Chī bǎo le ツ バウ ラ

●片づける

テーブルの上を片づけよう。	桌子上收拾一下。 Zhuō zi shàng shōu shi yí xià ズゥォ ズ サン ソウ ス イ シャ
テーブルをふいて。	把桌子擦一下。 Bǎ zhuō zi cā yí xià バ ズゥォ ズ ツァ イ シャ
いすを戻して。	把椅子放回去吧。 Bǎ yǐ zi fàng huí qù ba バ イ ズ ファン フェ チュィ バ

語句		
	「吃饱」	おなかいっぱい食べる、満腹になる
	「桌子」	テーブル
	「收拾」	片づける、整理する
	「擦」	ふく、ぬぐう

●ウーバーイーツ、宅配

今日はご飯を作りたくない。	今天不想做饭。 Jīn tiān bù xiǎng zuò fàn ジン ティェン ブ シャン ズゥォ ファン
出前を取ろう。	叫外卖吧。 Jiào wài mài ba ジャウ ワイ マイ バ
ピザを頼もう。	叫披萨。 Jiào Pī sà ジャウ ピ サ
半分あげよう。	一半给你。 Yí bàn gěi nǐ イ バン ゲイ ニ
ひとくち食べさせて。	给我吃一口。 Gěi wǒ chī yì kǒu ゲイ ウォ ツ イ コウ

語句

「不想」	～したくない
「叫」	呼ぶ、頼む
「外卖」	出前
「一口」	ひとくち

食事に関する表現

朝食	「早餐」	zǎo cān	ザウ　ツァン
昼食	「午餐」	wǔ cān	ウ　ツァン
夕食	「晚餐」	wǎn cān	ワン　ツァン
魚を焼く	「烤鱼」	kǎo yú	カウ　ユィ
肉を焼く	「煎肉」	jiān ròu	ジェン　ロウ
果物を切る	「切水果」	qiē shuǐ guǒ	チェ　スエ　グォ
皮をむく	「削皮」	xiāo pí	シャウ　ピ
野菜を洗う	「洗菜」	xǐ cài	シ　ツァイ
野菜を切る	「切菜」	qiē cài	チェ　ツァイ
野菜を炒める	「炒菜」	chǎo cài	ツァウ　ツァイ
卵を割る	「打蛋」	dá dàn	ダ　ダン
卵をゆでる	「水煮蛋」	shuǐ zhǔ dàn	スエ　ズゥ　ダン
卵を焼く	「煎蛋」	jiān dàn	ジェン　ダン
お米を研ぐ	「洗米」	xǐ mǐ	シ　ミ
ご飯を炊く	「煮饭」	zhǔ fàn	ズゥ　ファン
コーヒーを淹れる	「泡咖啡」	pào kā fēi	パゥ　カ　フェイ
バターをぬる	「涂奶油」	tú nǎi yóu	トゥ　ナイ　ヨ
お湯を沸かす	「烧开水」	shāo kāi shuǐ	サウ　カイ　スエ

Track 9

帰宅、くつろぐ

外出先から帰宅して、家族と話したり、くつろいだり、家でよく使う表現を覚えましょう。「テレビをつける、消す」「電気をつける、消す」など、動作の表現も紹介しています。

●帰宅

ただいま。
我回来了。
Wǒ huí lái le
ウォ フェ ライ ラ

おかえりなさい。
你回来啦。
Nǐ huí lái la
ニ フェ ライ ラ

靴をそろえて。
鞋子摆好。
Xié zi bǎi hǎo
シェ ズ バイ ハウ

今日、学校はどうだった？
今天学校怎样?
Jīn tiān xué xiào zěn yàng
ジン ティェン シュェ シャウ ゼン ヤン

今日、会社はどうだった？
今天公司怎样?
Jīn tiān gōng sī zěn yàng
ジン ティェン ゴン ス ゼン ヤン

もうすぐ夕飯だよ。
晚饭马上做好。
Wǎn fàn mǎ shàng zuò hǎo
ワン ファン マ サン ズゥォ ハウ

料理を運ぶのを手伝って。
把菜端一下。
Bǎ cài duān yí xià
バ ツァイ ドゥアン イ シャ

お皿を運ぶのを手伝って。
把盘子端一下。
Bǎ pán zi duān yí xià
バ パン ズ ドゥアン イ シャ

語句		
	「今天」	今日
	「怎样」	どう、どのような
	「公司」	会社
	「马上」	まもなく、すぐに
	「端」	持つ
	「盘子」	お皿

●リビングでくつろぐ

テレビを見ようよ。	看电视吧。 Kàn diàn shì ba カン ディェン ス バ
テレビを見てもいい？	可以看电视吗? Kě yǐ kàn diàn shì ma カ イ カン ディェン ス マ
テレビをつけて。	开电视。 Kāi diàn shì カイ ディェン ス
テレビを消して。	关电视。 Guān diàn shì グァン ディェン ス
(ボリュームが)大きすぎるよ。	太大声了。 Tài dà shēng le タイ ダ セン ラ
(ボリュームが)小さすぎるよ。	太小声了。 Tài xiǎo shēng le タイ シャウ セン ラ
テレビをつけてもいい？	可以开电视吗? Kě yǐ kāi diàn shì ma カ イ カイ ディェン ス マ
テレビを消してもいい？	可以关电视吗? Kě yǐ guān diàn shì ma カ イ グァン ディェン ス マ

語句		
	「看」	見る
	「电视」	テレビ
	「开」	(スイッチを) 入れる、開ける
	「关」	(スイッチを) 切る、閉める
	「太」	～すぎる、あまりにも～である

●音声のボリュームを調整する

テレビの音を小さくして。

电视声音开小声点。
Diàn shì shēng yīn kāi xiǎo shēng diǎn
ディェンス セン イン カイ シャウ セン ディェン

テレビの音を大きくして。

电视声音开大声点。
Diàn shì shēng yīn kāi dà shēng diǎn
ディェンス セン イン カイ ダ セン ディェン

もっと小さくして。

再小声一点。
Zài xiǎo shēng yì diǎn
ザイ シャウ セン イ ディェン

もっと大きくして。

再大声一点。
Zài dà shēng yì diǎn
ザイ ダ セン イ ディェン

もう少し小さくして。

稍微再小声一点。
Shāo wēi zài xiǎo shēng yì diǎn
サウ ウェイ ザイ シャウ セン イ ディェン

もう少し大きくして。

稍微再大声一点。
Shāo wēi zài dà shēng yì diǎn
サウ ウェイ ザイ ダ セン イ ディェン

語句		
	「声音」	音、声
	「开」	つける
	「再」	更に、再び
	「一点」	少し
	「稍微」	少し、やや

●**番組を観る**

何チャンネル？

第几台?
Dì jǐ tái
ディ ジ タイ

何チャンネルの番組？

第几台的节目?
Dì jǐ tái de jié mù
ディ ジ タイ ダ ジェ ム

５チャンネルだよ。

第五台。
Dì wǔ tái
ディ ウ タイ

６チャンネルにして。

转第六台。
Zhuǎn dì lìu tái
ズゥアン ディ リョ タイ

チャンネルを変えてもいい？

我可以转台吗?
Wǒ kě yǐ zhuǎn tái ma
ウォ カ イ ズゥアン タイ マ

番組はあと５分で始まるよ。

节目再五分就开始了。
Jié mù zài wǔ fēn jìu kāi shǐ le
ジェ ム ザイ ウ フェン ジョ カイ ス ラ

すぐに始まるよ。

马上开始了。
Mǎ shàng kāi shǐ le
マ サン カイ ス ラ

始まっちゃうよ。

快开始了。
Kuài kāi shǐ le
クァイ カイ ス ラ

語句		
	「台」	（テレビなどの）局、チャンネル
	「节目」	番組、プログラム、出し物
	「转」	変える、回す
	「就」	まもなく
	「马上」	すぐに
	「快」	すぐ、まもなく

何時に始まるの？	几点开始的? Jǐ diǎn kāi shǐ de ジ ディェン カイ ス ダ
5時。	五点。 Wǔ diǎn ウ ディェン
ほら始まるよ。	开始了哦。 Kāi shǐ le o カイ ス ラ オ
始まったところだよ。	刚开始而已。 Gāng kāi shǐ ér yǐ ガン カイ ス ア イ
録画した？	录了吗? Lù le ma ル ラ マ
再放送だよ。	重播的。 Chóng bō de ツォン ボ ダ
いつ終わるの？	几点结束? Jǐ diǎn jié shù ジ ディェン ジェ スゥ
終わったよ。	结束了。 Jié shù le ジェ スゥ ラ

語句		
	「几点」	何時
	「刚～」	～したばかりである
	「～而已」	～だけである
	「录」	録画する、録音する、記録する
	「播」	放送する、広める
	「重播」	再放送する

●テレビとの距離

近すぎるよ。	太近了。 Tài jìn le タイ ジン ラ
目に悪いよ。	对眼睛不好。 Duì yǎn jīng bù hǎo ドェ イェン ジン ブ ハウ
ちょっと下がって。	退后一点。 Tuì hòu yì diǎn トェ ホウ イ ディェン

●電源、スイッチ

電源を入れて。	开关开开。 Kāi guān kāi kāi カイ グァン カイ カイ
電源を切って。	开关关起来。 Kāi guān guān qǐ lai カイ グァン グァン チ ライ
つけて。	开开吧。 Kāi kāi ba カイ カイ バ
消して。	关上吧。 Guān shàng ba グァン サン バ

語句		
	「太」	～すぎる
	「眼睛」	目
	「退后」	退く、引く、下がる
	「开」	（スイッチを）入れる、開ける
	「关」	（スイッチを）切る、閉める

●部屋へ

電気をつけて。

開灯吧。
Kāi dēng ba
カイ デン バ

電気を消して。

关灯吧。
Guān dēng ba
グァン デン バ

ついた？

开了吗?
Kāi le ma
カイ ラ マ

ついたよ。

开了。
Kāi le
カイ ラ

ついてないよ。

没开。
Méi kāi
メイ カイ

つかないよ。

开不开。
Kāi bù kāi
カイ ブ カイ

つけておいて。

开着吧。
Kāi zhe ba
カイ ゼ バ

消しておいて。

关着吧。
Guān zhe ba
グァン ザ バ

語句		
	「灯」	明かり、照明器具
	「开灯」	電気をつける
	「关灯」	電気を消す
	「没～」	～ない
	「着」	～している、～したまま

Track 10

部屋のそうじ、家事

部屋の片づけ、そうじ、洗濯などの家事にはたくさんの言葉があります。手伝ってもらったり、何かを頼むときなどの表現を覚えましょう。

●片づけ

部屋を片づけて。

房间收拾一下。
Fáng jiān shōu shi yí xià
ファン ジェン ソウ ス イ シャ

部屋が散らかってるよ。

房间太乱了。
Fáng jiān tài luàn le
ファン ジェン タイ ルァン ラ

掃除機をかけよう。

吸一下地。
Xī yí xià dì
シ イ シャ ディ

ゴミを捨てよう。

丢一下垃圾。
Diū yí xià lā jī
デョ イ シャ ラ ジ

それを開けて。

把那个打开。
Bǎ nà ge dǎ kāi
バ ナ ガ ダ カイ

それを閉めて。

把那个关上。
Bǎ nà ge guān shàng
バ ナ ガ グァン サン

テッシュを持ってきて。

拿张纸巾。
Ná zhāng zhǐ jīn
ナ ザン ズ ジン

きれいにしましょう。

弄干净吧。
Nòng gān jìng ba
ノン ガン ジン バ

語句		
	「房间」	部屋
	「丢」	捨てる、投げる
	「垃圾」	ゴミ
	「拿」	持つ
	「弄」	する、やる
	「干净」	きれいである、清潔である

●洗濯する、クリーニングに出す

洗濯するね。
我拿去洗。
Wǒ ná qù xǐ
ウォ ナ チュィ シ

食べこぼしが服に付いちゃった。
吃东西沾到衣服了。
Chī dōng xi zhān dào yī fu le
ツ ドン シ ザン ダウ イ フ ラ

漂白剤を使おう。
用点漂白水。
Yòng diǎn piǎo bái shuǐ
ヨン ディェン ピャウ バイ スェ

脱水しておいて。
脱水一下。
Tuō shuǐ yí xià
トゥォ スェ イ シャ

洗濯物を干すのを手伝って。
帮我晾一下衣服。
Bāng wǒ liàng yí xià yī fu
バン ウォ リャン イ シャ イ フ

洗濯物を取り込んで。
衣服收进来。
Yī fu shōu jìn lái
イ フ ソウ ジン ライ

洗剤が切れた。
没洗衣粉了。
Méi xǐ yī fěn le
メイ シ イ フェン ラ

スーパーで買ってこなきゃ。
得上超市再去买些。
Děi shàng chāo shì zài qù mǎi xiē
ディ サン ツァウ ス ザイ チュイ マイ シェ

語句		
	「东西」	物
	「沾」	付く、付着する
	「帮」	手伝う、助ける
	「收进」	取り込む、取り入れる
	「超市」	スーパー
	「买」	買う

服、まだ乾かない。

衣服还没干。
Yī fu hái méi gān
イ フ ハイ メイ ガン

服をたたんでおいたよ。

衣服叠好了。
Yī fu dié hǎo le
イ フ ディェ ハウ ラ

アイロンをかけたよ。

衣服烫好了。
Yī fu tàng hǎo le
イ フ タン ハウ ラ

クリーニングに出して。

拿去送洗。
Ná qù sòng xǐ
ナ チュイ ソン シ

●寝具

このベッド、気持ちいい。

这床好舒服。
Zhè chuáng hǎo shū fu
ゼ ツゥァン ハウ スゥ フ

この枕、硬い。

这个枕头好硬。
Zhè ge zhěn tóu hǎo yìng
ゼ ガ ゼン トウ ハウ イン

シーツを取り替えよう。

换一下床单。
Huàn yí xià chuáng dān
ファン イ シャ ツゥァン ダン

語句		
	「还没～」	まだ～ない
	「叠」	畳む、折り畳む、積み重ねる
	「烫」	(アイロンを) かける、熱くする
	「舒服」	気持ちが良い、快い
	「枕头」	枕
	「床单」	シーツ、敷布

●窓、カーテン、ドア

空気を入れ替えよう。

換气一下。
Huàn qì yí xià
ファン チ イ シャ

窓を開けて。

开窗。
Kāi chuāng
カイ ツゥァン

窓を閉めて。

关窗。
Guān chuāng
グァン ツゥァン

カーテンを開けて。

拉开窗帘。
Lā kāi chuāng lián
ラ カイ ツゥァン リェン

カーテンを閉めて。

拉上窗帘。
Lā shàng chuāng lián
ラ サン ツゥァン リェン

ドアを開けて。

开门。
Kāi mén
カイ メン

ドアを閉めて。

关门。
Guān mén
グァン メン

少しだけ開けよう。

开一点点就好。
Kāi yì diǎn diǎn jiù hǎo
カイ イ ディェン ディェン ジョ ハウ

語句		
	「换气」	換気する
	「窗」	窓
	「窗帘」	カーテン
	「门」	ドア、扉
	「一点点」	少し、わずか

●きれいにする

雑巾を持ってきて。 拿抹布来。
Ná mā bù lái
ナ マ ブ ライ

お水を出して。 开水。
Kāi shuǐ
カイ スェ

お水を止めて。 关水。
Guān shuǐ
グァン スェ

お水が出しっぱなしよ。 水没关好。
Shuǐ méi guān hǎo
スェ メイ グァン ハウ

お水を出しっぱなしにしないで。 水要关好。
Shuǐ yào guān hǎo
スェ ヤウ グァン ハウ

エアコンのフィルターを掃除しよう。 空调过滤网清洗一下。
Kōng tiáo guò lǜ wǎng qīng xǐ yí xià
コン テャウ グォ ルィ ワン チン シ イ シ

語句		
	「拿」	持つ
	「抹布」	雑巾、布巾
	「空调」	エアコン、空調
	「滤网」	フィルター
	「清洗」	洗う

Track 11

お風呂、就寝

入浴、シャワー、シャンプー、体を洗う、目覚まし時計をセットするなどの表現を覚えましょう。家庭での「おやすみ」は「晩安」(ワンアン) が一般的です。

お風呂に入るね。	我要去洗澡。 Wǒ yào qù xǐ zǎo ウォ ヤウ チュイ シ ザウ
シャワーを浴びてくるわ。	我去冲一下凉。 Wǒ qù chōng yí xià liáng ウォ チュイ ツォン イ シャ リャン
ゆっくりお湯に浸かりたい。	我想好好泡个澡。 Wǒ xiǎng hǎo hǎo pào ge zǎo ウォ シャン ハウ ハウ パウ ガ ザウ
(お湯が) 熱すぎ。	好烫。 Hǎo tàng ハウ タン
(お湯が) ぬるい。	不够烫。 Bú gòu tàng ブ ゴウ タン
シャンプーはどれ？	洗发精是哪瓶? Xǐ fà jīng shì nǎ píng シ ファ ジン ス ナ ピン
体をよく洗って。	把身体洗干净。 Bǎ shēn tǐ xǐ gān jìng バ セン ティ シ ガン ジン
背中を流してあげる。	我来帮你擦背。 Wǒ lái bāng nǐ cā bèi ウォ ライ バン ニ ツァ ベイ

語句

「洗澡」	風呂に入る
「冲」	洗い流す
「烫」	熱い
「不够」	十分でない、足りない
「洗发精」	シャンプー
「干净」	きれいである、清潔である

●**お風呂から出る**

このタオルを使って。	这条毛巾拿去用。 Zhè tiáo máo jīn ná qù yòng ゼ テャウ マゥ ジン ナ チュィ ヨン
体を拭いて。	把身体擦干。 Bǎ shēn tǐ cā gān バ セン ティ ツァ ガン
ドライヤーをかけて。 〔髪の毛を乾かして〕	把头发吹干。 Bǎ tóu fà chuī gān バ トゥ ファ ツゥェ ガン
この石けん、いい香り。	这块香皂好香。 Zhè kuài xiāng zào hǎo xiāng ゼ クァイ シャン ザウ ハウ シャン
ヒゲをそった。	我刮胡子了。 Wǒ guā hú zi le ウォ グァ フ ズ ラ
髪の毛を切った。	我剪头发了。 Wǒ jiǎn tóu fà le ウォ ジェン トウ ファ ラ

語句

「拿去」	持って行く
「擦干」	拭き取る
「头发」	髪の毛、頭髪
「吹干」	（ドライヤーなどで）乾かす
「香皂」	石けん
「剪」	（ハサミなどで）切る

●寝る時間

寝る時間だよ。

该去睡了。
Gāi qù shuì le
ガイ チュィ スェ ラ

早く寝なさい。

快去睡觉。
Kuài qù shuì jiào
クァイ チュィ スェ ジャウ

もう遅いよ。

时间很晚了。
Shí jiān hěn wǎn le
ス ジェン ヘン ワン ラ

電気を消してもいい？

我可以关灯吗？
Wǒ kě yǐ guān dēng ma
ウォ カ イ グァン デン マ

明日、朝早いから。

我明天很早。
Wǒ míng tiān hěn zǎo
ウォ ミン ティェン ヘン ザウ

早起きしなければならない。

得早起。
Děi zǎo qǐ
デイ ザウ チ

眠れない。

我睡不着。
Wǒ shuì bù zháo
ウォ スェ ブ ザウ

目覚まし時計を設定しておいた。

我闹钟设定好了。
Wǒ nào zhōng shè dìng hǎo le
ウォ ナウ ゾン セ ディン ハウ ラ

語句		
	「晚」	(時間が) 遅い
	「关」	(スイッチを) 切る
	「明天」	明日
	「得～」	～しなければならない
	「闹钟」	目覚まし時計
	「设定」	設定する

●就寝する

もう寝るよ。	我先去睡了。 Wǒ xiān qù shuì le ウォ シェン チュィ スェ ラ
疲れた。	我累了。 Wǒ lèi le ウォ レイ ラ
くたくただ。	我累死了。 Wǒ lèi sǐ le ウォ レイ ス ラ
眠くなってきた。	我困了。 Wǒ kùn le ウォ クン ラ
電気を消すよ。	我关灯了哦。 Wǒ guān dēng le o ウォ グァン デン ラ オ
目を閉じて。	眼睛闭起来。 Yǎn jīng bì qi lai イェン ジン ビ チ ライ
おやすみ。	晚安。 Wǎn ān ワン アン
ああ、おやすみ。	嗯，睡吧。 Ng shuì ba ン スェ バ

語句		
	「累」	疲れる
	「累死」	死ぬほど疲れている
	「動詞＋死」	とても～、ひどく～
	「困」	眠い
	「眼睛」	目
	「闭」	閉じる、閉める

●翌朝

昨夜、何時に寝た？

你昨晚几点睡的?
Nǐ zuó wǎn jǐ diǎn shuì de
ニ ズゥォ ワン ジ ディェン スェ ダ

よく眠れた？

睡得好吗?
Shuì de hǎo ma
スェ ダ ハウ マ

夜中に何度も起きた。

晚上起来好几次。
Wǎn shang qǐ lai hǎo jǐ cì
ワン サン チ ライ ハウ ジ ツ

寝不足。

睡不饱。
Shuì bù bǎo
スェ ブ バウ

語句

「昨晚」	昨夜、夕べ
「几点」	何時
「晚上」	夜、晩
「几次」	何度、何回、幾度
「不饱」	充実していない、十分でない

Lesson 3

SNS、エンタメ、遊び

ネット、SNS の普及で海外の人たちと交流できる機会が増えました。中国では日本のアニメが人気で、SNS で話題になりました。様々な動画も毎日アップされています。中華圏の SNS、よく使われる用語などを 112 ～ 119 ページで紹介しています。

Track 12

1

SNS、メール

親しい人とSNSで交流したり、連絡先を交換するときなどの表現を覚えましょう。スマホの使用中に電波・バッテリー・データ通信などで困ったときの表現も知っておくと便利です。

● SNS

We Chat を使っている？
你用微信吗?
Nǐ yòng Wēi xìn ma
ニ ヨン ウェイ シン マ

(We Chat の)友達リクエストをしてもいい？
我可以加你微信吗?
Wǒ kě yǐ jiā nǐ Wēi xìn ma
ウォ カ イ ジャ ニ ウェイ シン マ

リクエストを受け入れてくれる？
可以接受我的申请吗?
Kě yǐ jiē shòu wǒ de shēn qǐng ma
カ イ ジェ ソウ ウォ ダ セン チン マ

ID で検索してみて。
用 ID 搜搜看。
Yòng ID sōu sou kàn
ヨン アイディ ソウ ソウ カン

私の QR コードです。
我的二维码。
Wǒ de èr wéi mǎ
ウォ ダ ア ウェイ マ

ちょっとスキャンして。
扫一下。
Sǎo yí xià
サウ イ シャ

語句		
	「微信」	We Chat（ウィーチャット）
	「接受」	受け入れる、受け取る
	「用」	使う、用いる
	「搜」	探す、捜す、調べる
	「二维码」	2次元コード、QR コード
	「扫」	スキャンする

●連絡のやり取り

メールありがとう。
谢谢你的来信。
Xiè xie nǐ de lái xìn
シェ シェ ニ ダ ライ シン

電話ありがとう。
谢谢你的电话。
Xiè xie nǐ de diàn huà
シェ シェ ニ ダディェン ファ

連絡ありがとう。
谢谢你的联络。
Xiè xie nǐ de lián luò
シェ シェ ニ ダリェン ルォ

しばらく連絡をしてなかったね。
有阵子没联系了。
Yǒu zhèn zi méi lián xi le
ヨ ゼン ズ メイ リェン シ ラ

長い間、連絡してなくてごめんね。
真抱歉这么久没有联系。
Zhēn bào qiàn zhè me jiǔ méi yǒu lián xi
ゼン バウ チェン ゼ モ ジョ メイ ヨ リェン シ

●連絡先（メール、電話）

メールアドレスを教えてください。
请告诉我你的邮箱地址。
Qǐng gào su wǒ nǐ de yóu xiāng dì zhǐ
チン ガウ スゥ ウォ ニ ダ ヨ シャン ディズ

これは私のメールアドレスです。
这是我的邮箱地址。
Zhè shì wǒ de yóu xiāng dì zhǐ
ゼ ス ウォ ダ ヨ シャン ディズ

語句		
	「有阵子」	しばらく
	「联系」	連絡する、連絡を取る
	「抱歉」	申し訳なく思う
	「这么」	こんなに、そんなに
	「告诉」	教える
	「邮箱地址」	メールアドレス

あなたにメールします。	我发电子邮件给你。 Wǒ fā diàn zǐ yóu jiàn gěi nǐ ウォ ファ ディェン ズ ヨ ジェン ゲイ ニ
あなたにメッセージします。	我发信息给你。 Wǒ fā xìn xī gěi nǐ ウォ ファ シンシ ゲイ ニ
お返事を待っています。	静待回音。 Jìng dài huí yīn ジン ダイ フェ イン
あなたの携帯番号は？	你手机号是多少? Nǐ shǒu jī hào shì duō shao ニ ソウ ジ ハウ スドゥォ サウ
電話するね。	我打给你。 Wǒ dǎ gěi nǐ ウォ ダ ゲイ ニ
（私に）電話して。	打给我。 Dǎ gěi wǒ ダ ゲイ ウォ

語句

「发」	送る、発送する
「电子邮件」	E メール
「信息」	メッセージ
「回音」	返信、返事
「手机」	携帯
「打给～」	～に電話する

●友達とのやりとり

何してる？

你在做什么？
Nǐ zài zuò shén me
ニ ザイ ズゥォ セン モ

ゲームしてる。

在玩游戏。
Zài wán yóu xì
ザイ ワン ヨ シ

宿題やってる。

在写功课。
Zài xiě gōng kè
ザイ シェ ゴン カ

勉強してる。

在念书。
Zài niàn shū
ザイ ニェ スゥ

いる？

在吗？
Zài ma
ザイ マ

●スマホの調子

電波が弱い。

讯号有点弱。
Xùn hào yǒu diǎn ruò
シュゥン ハウ ヨ ディェン ルォ

電波が悪い。

讯号不好。
Xùn hào bù hǎo
シュゥン ハウ ブ ハウ

語句		
	「做」	する、やる、行う
	「玩」	遊ぶ、（遊び・娯楽などを）する
	「游戏」	ゲーム、遊び
	「功课」	宿題、勉強
	「念书」	勉強する
	「讯号」	（電磁波による）信号

携帯のバッテリーが切れそう。
手机快没电了。
Shǒu jī kuài méi diàn le
ソウ ジ クァイ メイ ディェン ラ

バッテリーを充電させて。
借我充电一下。
Jiè wǒ chōng diàn yí xià
ジェ ウォ ツォン ディェン イ シャ

もう一回（電話を）かけて。
再打一次。
Zài dǎ yí cì
ザイ ダ イ ツ

音声が途切れ途切れ。
声音有点断断续续。
Shēng yīn yǒu diǎn duàn duàn xù xù
セン イン ヨ ディェン ドゥァン ドゥァン シュイ シュイ

携帯のデータ通信量が足りない。
手机的流量不够了。
Shǒu jī de liú liàng bú gòu le
ソウ ジ ダ リョ リャン ブ ゴウ ラ

充電が必要。
我需要充电。
Wǒ xū yào chōng diàn
ウォ シュイ ヤウ ツォン ディェン

語句		
	「打」	（電話を）かける
	「一次」	一回
	「声音」	音声
	「断断续续」	途切れ途切れである
	「不够」	足りない、十分でない
	「充电」	充電する

Track 13

インターネット、Wi-Fi、アプリ

街でフリー Wi-Fi を利用できる場所が増え、日常生活が便利になりました。アプリをダウンロードして、シェアサービス、モバイルオーダーなどを利用するときの表現も覚えましょう。

●街で（店）

ここでインターネットできますか？
这里可以上网吗?
Zhè li kě yǐ shàng wǎng ma
ゼ リ カ イ サン ワン マ

インターネットにつながりますか？
可以上网吗?
Kě yǐ shàng wǎng ma
カ イ サン ワン マ

フリー Wi-Fi はありますか？
有免费无线网络吗?
Yǒu miǎn fèi wú xiàn wǎng luò ma
ヨ ミェン フェ ウ シェン ワン ルォ マ

Wi-Fi を共有してもいい？
可以跟我分享一下你的 Wi-Fi 吗?
Kě yǐ gēn wǒ fēn xiǎng yí xià nǐ de Wi-Fi ma
カイ ゲン ウォ フェン シャン イ シャ ニ ダ ワイファイ マ

●シェアサービス

バッテリーを借りられる所はありますか？
哪儿可以借用电池?
Nǎr kě yǐ jiè yòng diàn chí
ナア カ イ ジェ ヨン ディェン ツ

一番近い所はどこですか？
最近的地方是哪儿?
Zuì jìn de dì fang shì nǎr
ズゥェ ジン ダ ディ ファン ス ナア

語句		
	「上网」	インターネットに接続する
	「免费」	無料
	「无线网络」	無線ネットワーク、ワイヤレスネットワーク
	「跟～」	～と
	「分享」	共有する、シェアする
	「哪儿」	どこ

● **Wi-Fi、ネットの不具合**

ネットの通信速度が遅い。	**网速好慢。** Wǎng sù hǎo màn ワン スゥ ハウ マン
インターネットできない。	**不能上网。** Bù néng shàng wǎng ブ ネン サン ワン
インターネットにつながらない。	**网络连接不上。** Wǎng luò lián jiē bú shàng ワン ルォ リエン ジェ ブ サン
Wi-Fi につながらない。	**Wi-Fi 连接不上。** Wi-Fi lián jiē bú shàng ワイ ハイ リエン ジェ ブ サン
再起動してみて。	**重新开机试试看。** Chóng xīn kāi jī shì shì kàn ツォン シン カイ ジ ス ス カン
（ネットが）動いていない。	**跑不动。** Pǎo bú dòng パウ ブ ドン

語句

「网速」	インターネットの通信速度
「网络」	インターネット、ネットワーク
「连接」	接続する、つながる
「无线」	Wi-Fi、ワイヤレス、無線
「重新」	再び、もう一度
「开机」	電源を入れる、始動する

●モバイルオーダー（お店で）

この店ではスマホで注文できます。
这里可以用手机点餐。
Zhè li kě yǐ yòng shǒu jī diǎn cān
ゼ リ カ イ ヨン ソウ ジ ディェン ツァン

これがこのお店のメニューです。
这是我们的菜单。
Zhè shì wǒ men de cài dān
ゼ ス ウォ メン ダ ツァイ ダン

QR コードで決済できます。
可以用二维码支付。
Kě yǐ yòng èr wéi mǎ zhī fù
カ イ ヨン アウェイマ ズ フ

このアプリは便利です。
这个软件很方便。
Zhè ge ruǎn jiàn hěn fāng biàn
ゼ ガ ルァン ジェン ヘン ファン ビェン

語句		
	「点餐」	注文する
	「菜单」	メニュー
	「二维码」	QR コード、二次元コード
	「支付」	支払う、決済する
	「软件」	アプリ
	「方便」	便利だ

Track 14

友達との会話、遊びに行く

友達を誘ったり、遊びに行くときなどの表現を覚えましょう。「一緒に行く」は中国語で「一起去」（イチチュィ）と言います。レンタカーなど「（有料で）～を借りる」は「租（ズゥ）～」と言います。

●誘う

何か予定ありますか？
你有什么预定吗?
Nǐ yǒu shén me yù dìng ma
ニ ヨ セン モ ユィ ディン マ

ホームパーティーに行かない？
要不要参加轰趴?
Yào bu yào cān jiā hōng pā
ヤウ ブ ヤウ ツァン ジャ ホン パ

ぜひ来てください。
非常期待您的到来。
Fēi cháng qī dài nín de dào lái
フェイ ツァン チ ダイ ニン ダ ダウ ライ

今度、一緒に食事に行きましょう。
改天一起去吃饭吧。
Gǎi tiān yì qǐ qù chī fàn ba
ガイ ティェン イ チ チュィ ツ ファン バ

今度、一緒に買い物に行きましょう。
改天一起去买东西吧。
Gǎi tiān yì qǐ qù mǎi dōng xi ba
ガイ ティェン イ チ チュィ マイ ドン シ バ

語句

「预定」	予定
「轰趴」	パーティー、ホームパーティー
「改天」	後日、また、今度
「一起」	一緒に
「买」	買う
「东西」	物、品物

●遊びに行く、イベント

どこか行きたいところある？

有想去的地方吗?
Yǒu xiǎng qù de dì fang ma
ヨ シャン チュィ ダ ディ ファン マ

ディズニーランドに行きたい。

我想去迪士尼乐园。
Wǒ xiǎng qù Dí shì ní lè yuán
ウォ シャン チュィ ディ ス ニ ラ ユェン

温泉に入りたい。

我想去泡温泉。
Wǒ xiǎng qù pào wēn quán
ウォ シャン チュィ パウ ウン チュェン

●友達と（遊びを）楽しむ

楽しい？

开心吗?
Kāi xīn ma
カイ シン マ

楽しくない？

不开心吗?
Bù kāi xīn ma
ブ カイ シン マ

すごくおもしろい。

太好笑了。
Tài hǎo xiào le
タイ ハウ シャウ ラ

見て。

你看。
Nǐ kàn
ニ カン

聞いて。

你听啊。
Nǐ tīng a
ニ ティン ア

語句		
	「去」	行く
	「地方」	ところ、場所
	「迪士尼乐园」	ディズニーランド
	「开心」	楽しい
	「太～」	とても～、～すぎる
	「听」	聴く

●ドライブする

レンタカーを借りたい。

我想租车。
Wǒ xiǎng zū chē
ウォ シャン ズゥ ツェ

運転免許証をお持ちですか？

你有驾驶证吗?
Nǐ yǒu jià shǐ zhèng ma
ニ ヨ ジャ ス ゼン マ

ガソリンが少なくなった。

油快没了。
Yóu kuài méi le
ヨ クァイ メイ ラ

ガソリンを入れたい。

我要加油。
Wǒ yào jiā yóu
ウォ ヤウ ジャ ヨ

満タンにしてください。

加满。
Jiā mǎn
ジャ マン

語句		
	「租」	(有料で) 借りる、レンタルする
	「车」	車
	「驾驶证」	運転免許証
	「加油」	給油する、ガソリンを入れる、がんばる
	「加满」	(ガソリンが) 満タン

Track 15

4 食事に行く、お酒を飲む

親しい人と一緒に食事をしたり、お酒を飲むのは楽しいものです。

日本で「オンライン飲み会」という言葉も使われるようになりました。お酒を飲むときの表現も知っておくと、さらに会話もはずむでしょう。

●料理

この料理に何が入ってるの？
这道菜里面有什么？
Zhè dào cài lǐ miàn yǒu shén me
ゼ ダウ ツァイ リ ミェン ヨ セン モ

これ、どうやって食べるの？
这个怎么吃？
Zhè ge zěn me chī
ゼ ガ ゼン モ ツ

味見してみて。
你尝尝看。
Nǐ cháng cháng kàn
ニ ツァン ツァン カン

食べられないものはありますか？
有不敢吃的东西吗？
Yǒu bù gǎn chī de dōng xi ma
ヨ ブ ガン ツ ダ ドン シ マ

生モノは食べられません。
我不敢吃生的。
Wǒ bù gǎn chī shēng de
ウォ ブ ガン ツ セン ダ

辛いのはダメ。
我辣的不行。
Wǒ là de bù xíng
ウォ ラ ダ ブ シン

語句		
	「里面」	中、内面
	「尝尝」	味見する
	「～看」	～してみる
	「生的」	生の
	「辣的」	辛い
	「不行」	ダメだ、無理だ

●食べる

気をつけて、(料理が)熱いよ。	小心，烫嘴。 Xiǎo xīn tàng zuǐ シャウ シン タン ズゥェ
料理が冷めちゃうよ。	菜凉了。 Cài liáng le ツァイ リャン ラ
私、猫舌なんです。	我吃不了烫的。 Wǒ chī bù liǎo tàng de ウォ ツ ブリャウタン ダ

●食欲

食欲はある？	有食欲吗? Yǒu shí yù ma ヨ ス ユィ マ
何か食べる？	吃点什么吗? Chī diǎn shén me ma ツ ディェン セン モ マ
ご飯は食べられる？	吃得下饭吗? Chī de xià fàn ma ツ ダ シャ ファン マ

語句		
	「小心」	注意する、気をつける
	「烫」	とても熱い
	「嘴」	口
	「菜」	料理、おかず、野菜
	「凉」	冷める

少し食べた。

吃了点。
Chī le diǎn
ツ ラディェン

食欲ない。

没食欲。
Méi shí yù
メイ ス ユィ

何も食べたくない。

什么都不想吃。
Shén me dōu bù xiǎng chī
セン モ ドゥォ ブ シャン ツ

●食事に招かれる、食事会

ご招待していただきありがとうございます。

感谢招待。
Gǎn xiè zhāo dài
ガン シェ ザウ ダイ

お招きいただきありがとうございます。

感谢邀请。
Gǎn xiè yāo qǐng
ガン シェ ヤウ チン

ご招待ありがとう。

谢谢招待。
Xiè xie zhāo dài
シェ シェ ザウ ダイ

語句		
	「吃」	食べる
	「点」	少し、ちょっと
	「什么都」	何も（～ない）
	「不想～」	～したくない
	「邀请」	招待する、誘う

●お酒を飲む、飲み会

何を飲む？	你喝什么? Nǐ hē shén me ニ ハ セン モ
お酒は飲める？	你能喝酒吗? Nǐ néng hē jiǔ ma ニ ネン ハ ジョ マ
お酒を飲むのは好きです。	我爱喝酒。 Wǒ ài hē jiǔ ウォ アイ ハ ジョ
お酒は飲めます。	我能喝酒。 Wǒ néng hē jiǔ ウォ ネン ハ ジョ
お酒は少し飲めます。	我能喝一点酒。 Wǒ néng hē yì diǎn jiǔ ウォ ネン ハ イ ディェン ジョ
お酒は飲めません。	我不能喝酒。 Wǒ bù néng hē jiǔ ウォ ブ ネン ハ ジョ
お酒は飲めません。	我不会喝酒。 Wǒ bú huì hē jiǔ ウォ ブ フェ ハ ジョ
まずはビールにしよう。	先来啤酒吧。 Xiān lái pí jiǔ ba シェン ライ ピ ジョ バ

語句		
	「喝」	飲む
	「什么」	何、何か
	「能～」	～できる〔能力〕
	「喝酒」	ビール
	「爱～」	～を好きである、気に入る
	「一点」	少し、ちょっと

私はウイスキー。	我喝威士忌。 Wǒ hē wēi shì jì ウォ ハ ウェイ ス ジ
氷なしで。	不要冰块。 Bú yào bīng kuài ブ ヤウ ビン クァイ
乾杯。	干杯。 Gān bēi ガン ベイ
飲もう。	喝吧。 Hē ba ハ バ
さあ、もう一杯。	再来一杯。 Zài lái yì bēi ザイ ライ イ ベイ
お酒を注いであげます。	我帮您倒酒。 Wǒ bāng nín dào jiǔ ウォ バン ニン ダウ ジョ
適当に飲むよ。	我随意。 Wǒ suí yì ウォ スエ イ
今度、オンライン飲み会をやろう。	改天网上云喝酒吧。 Gǎi tiān wǎng shàng yún hē jiǔ ba ガイ ティェン ワン サン ユン ハ ジョ バ

語句

「威士忌」	ウイスキー
「冰块」	氷
「～吧」	～しよう
「倒酒」	お酒を注ぐ
「改天」	後日、今度、いつか、また
「网上」	オンライン、ネット

Track 16

趣味、娯楽、エンタメ

中国では日本のアニメが人気です。TikTok など様々な動画を見る機会も増えました。「アニメ」「TikTok」は中国でそれぞれ「**动漫**」（ドンマン）」「**抖音**（ドイン）」と言われています。趣味・娯楽・エンタメなどについて友達といろいろ話してみましょう。

●趣味、特技

あなたの趣味は何ですか？
你的兴趣是什么?
Nǐ de xìng qù shì shén me
ニ ダ シン チュィ ス セン モ

ゲームが趣味です。
我的兴趣是打游戏。
Wǒ de xìng qù shì dǎ yóu xì
ウォ ダ シン チュィ ス ダ ヨ シ

ゴルフが趣味です。
我的兴趣是打高尔夫。
Wǒ de xìng qù shì dǎ gāo ěr fū
ウォ ダ シン チュィ ス ダ ガゥ ア フ

私はダンスが得意。
我擅长跳舞。
Wǒ shàn cháng tiào wǔ
ウォ サン ツァン ティャウ ウ

音楽を聞くのが好きです。
我喜欢听音乐。
Wǒ xǐ huan tīng yīn yuè
ウォ シ ファン ティン イン ユェ

映画を観るのが好きです。
我喜欢看电影。
Wǒ xǐ huan kàn diàn yǐng
ウォ シ ファン カン ディェン イン

今度、一緒に行きましょう。
改天一起去吧。
Gǎi tiān yì qǐ qù ba
ガイ ティェン イ チ チュィ バ

語句		
	「兴趣」	趣味
	「游戏」	ゲーム
	「擅长」	～が得意である
	「听音乐」	音楽を聞く
	「看电影」	映画を見る
	「一起去」	一緒に行く

●好き、嫌い

旅行が好き。

我喜欢旅行。
Wǒ xǐ huan lǚ xíng
ウォ シ ファン リュィ シン

学校が嫌い。

我讨厌上学。
Wǒ tǎo yàn shàng xué
ウォ タウ イェン サン シュェ

●アニメ、映画、動画

中国で日本のアニメが人気です。

在中国日本的动漫很有人气。
Zài Zhōng guó Rì běn de dòng màn hěn yǒu rén qì
ザイ ゾン グォ リ ベン ダ ドン マン ヘン ヨ レン チ

日本のアニメはとても人気があります。

日本的动漫非常有人气。
Rì běn de dòng màn fēi cháng yǒu rén qì
リ ベン ダ ドン マン フェイ ツァン ヨ レン チ

たくさんの人が映画を観ました。

有很多人看了电影。
Yǒu hěn duō rén kàn le diàn yǐng
ヨ ヘン ドゥォ レン カン ラ ディェン イン

SNS で話題になりました。

在社交媒体上引起热议。
Zài shè jiāo méi tǐ shàng yǐn qǐ rè yì
ザイ セ ジャウ メイ ティ サン イン チ ラ イ

語句		
	「喜欢」	～が好きである
	「讨厌」	～がイヤだ、嫌いだ
	「上学」	学校へ行く
	「动漫」	アニメ
	「有人气」	人気がある
	「电影」	映画

グッズもいろいろ販売されています。
出了很多周边产品。
Chū le hěn duō zhōu biān shāng pǐn
ツゥ ラ ヘン ドゥォ ゾウ ビェン サン ピン

TikTokにも動画をアップされました。
抖音上也有相关短视频。
Dǒu yīn shàng yě yǒu xiāng guān duǎn shì pǐn
ド イン サン イェ ヨ シャン グァン ドゥァン ス ピン

トレンド入りした。
上了热搜。
Shàng le rè sōu
サン ラ ラ ソウ

音楽の動画を毎日見ています。
我每天看音乐视频。
Wǒ měi tiān kàn yīn yuè shì pín
ウォ メイ ティェン カン イン ユェ ス ピン

この動画は5分です。
这段视频时长五分钟。
Zhè duàn shì pín shí cháng wǔ fēn zhōng
ゼ ドゥァン ス ピン ス ツァン ウ フェン ゾン

語句

「周边产品」	関連商品、グッズ
「抖音」	TikTok（ティックトック）
「每天」	毎日
「音乐」	音楽
「视频」	動画

中華圏（中国、台湾）のSNS（1）

中国の主なSNS

中国では、日本人におなじみのLINE、FacebookなどのSNSではなく、独自のSNSが存在しています。主なものを紹介します。

■「微信」（WeChat）

「微信」はLINEによく例えられますが、メッセージやチャットだけでなく、チケット予約、決済サービス、配車など、日常生活において様々なサービスを利用できます。

■「抖音」（TikTok）

世界中の若者から人気を得て急成した「TikTok」（ティックトック）。中国では「抖音」と言われています。2020年に20億ダウンロードを突破しました。

■「QQ」

QQの歴史は「微信（WeChat）」よりも古く、多くの中国人がQQアカウントを持っています。

中国人はWeChatとQQ両方のアカウントを持ち、プライベートや仕事などの用途によってうまく使い分けています。

■「微博」（ウェイボー）

「新浪微博」の略で、「微博」（ウェイボー）と呼ばれています。ニュース兼SNS、Twitter、Facebook、Amebaなどと同じような機能を持ち、日本の有名人の中には微博を利用している人もいます。

現時点では、日本人におなじみの主なSNS（LINE、Instagram、YouTube、Facebookなど）は中国で規制されており、日本と同じように利用することはできません。

その規制は通称「GFW（Great Fire Wall）」、中国語で「防火長城」と言います。中国ではネットの利用が一部規制されているのを理解しておく必要があります。

台湾の主なSNS

台湾で「SNS」は「社群平台」と言います。台湾の人々の約9割がネットを利用しているようです。主なものを紹介します。

■「油管」（YouTube）

よく使われるSNSは「YouTube」。愛称は「油管」です。動画コンテンツとして絶大な影響力を持っており、ニュース、エンタメなどの情報を、まずYouTubeでチェックする人が多いです。

■「賴」（LINE）

「LINE」は、台湾では「賴」と言います。

■「FB」（Facebook）

「Facebook」は、台湾では「FB（エフビー）」と言います。企業、公的機関、著名人も積極的にFacebookページを活用して、様々な情報を発信しています。

■「IG」（Instagram）

「Instagram」は、台湾で「IG（アイジー）」と言います。

日本でおなじみのあるSNSも多く利用されていますね。

中華圏（中国、台湾）のSNS（2）

「SNS」は「Social Network Service」の略です。

中国では「社交网站」、台湾では「社群媒體」や「社群網站」と言います。

中国の主なネット掲示板

中国にもネットの掲示板（「BBS」とも呼ばれているもの）が多数あります。中国語で「论坛」「社区」「讨论区」などと言われています。主な掲示板は下記です。

■「百度贴吧」

検索エンジンの「百度」が開設したネット掲示板。中華圏で最大規模の掲示板です。実名登録制で、投稿内容は比較的、質が高いです。

■「天涯社区」

ネット掲示板の老舗。1999年からサービス開始。

■「新浪论坛」

新浪公司（SINA）が運営するネット掲示板。「新浪微博」と系列グループです。

■「知乎」

Q&Aのサイト。質問者と回答者が書き込みをするサイトです。

■「雅虎论坛」

「雅虎」（ヤフーのサイト）です。

■「小春网」

在日中国人のためのネットコミュニティです。

台湾の主なネット掲示板

■「批踢踢」(通称「PTT」)

台湾の有名なネット掲示板です。日本でいうと「5ch」のような存在です。投稿するのに会員登録が必要です。英語表記は「PTT」です。

「PTT」が大規模なコミュニティーに成長し、実社会への影響力も大きくなりました。台湾の世論を観察するための参考として注視されることも多いです。

主な検索エンジン

■「百度」

中国で最大規模の検索エンジンです。

クラシファイド(分類広告)のサイト

地域別や目的別に、カテゴリ分けされた生活情報、無料広告など、地元の住民のための「クラシファイド」(分類広告)のサイトもあります。

中国で「分类廣告网站」、台湾で「分類廣告網站」と言います。

■ 58 同城

中国で有名なサイトです。

ネットでよく使われる用語

「因特网」	インターネット　※「互联网」も使われます。
「上网」	インターネットに接続する
「云端」	クラウドサービス
「无线」	Wi-Fi
「无线路由器」	Wi-Fi ルーター
「安卓」	アンドロイド
「苹果」	アップル
「智能手机」	スマートフォン
「手机」	携帯
「账号」	アカウント
「密码」	パスワード
「二维码」	QR コード、二次元コード
「条码」	バーコード
「银联卡」	銀聯カード
「微信支付」	WeChat Pay

「充电宝」	モバイルバッテリー
「U 盘」	USB メモリー
「上线」	オンライン
「下线」	オフライン
「上传」	アップロード
「下载」	ダウンロード
「安装」	インストール
「软件」	アプリケーションソフト
「点」	クリックする
「帖子」	(BBS の) 書き込み
「发帖子」	(BBS へ) 書き込みをする
「流量」	データ容量
「爆了」	データ容量を使い切った
「触屏」	タッチパネル
「网速」	インターネットの通信速度

SNSでよく使われる用語

「关注」　フォロー

「粉丝」　フォロワー

「大V」　フォロワー数50万人以上を有する人

「网红」　インフルエンサー、ネットで人気のある人

「赞」　いいね

「＋1」　自分も同意見

例「2楼＋1」(2番目レスの人と同意見だ)

「私」　ダイレクトメールする　※「私訊」の略

「聊天」　チャットする

「聊天室」　チャットルーム

「聊天软件」　チャットアプリ

「群组」　グループ

「群组聊天」　グループチャット　※略して「群聊」

「标签」　ハッシュタグ（#）

「熱門標籤字」　ハッシュタグ（#）で検索されるキーワードのこと。

※微博では「#」の機能を「话题」と言います。

「发帖」	新たに投稿する
「转发」	リツイート
「回帖」	レス
「分享」	（文章などを）シェアする
「评论」	自分の意見を述べ、コメントする
「朋友圈」	※友達同士で投稿記事を共有し合う微信の機能
「打卡景点」	インスタ映えのする観光スポット
「楼」	スレッド
「楼主」	スレ主　　※台湾では「版主」
「拉黑」	ブロックする　　※台湾では「封鎖」
「黑名单」	ブラックリスト
「低头族」	うつむいたままでスマホなどの画面に夢中の人
「正义魔人」	自分の道徳観や価値観で善悪を裁こうとする人
「人肉搜索」	ネット上で標的になった人の情報を晒し出すこと

Lesson 4

交流、人づきあい、恋愛

初対面の人に自己紹介をしたり、家族や友人のことなどについて話すときの表現を紹介します。年齢・職業・家族構成・趣味・近況など、いろいろなことについて話せるようになりたいですね。

Track 17

迎える（あいさつ、自己紹介）

初めて会った人にあいさつしたり、自己紹介をするときの表現を覚えましょう。中国語の「**姓**」（シン）は日本語の「姓」「名字」という意味です。中国語の「**名字**」（ミンズ）は日本語の「名前」（フルネーム）にあたります。

●あいさつ、自己紹介

はじめまして。	初次见面。 Chū cì jiàn miàn ツゥ ツ ジェン ミェン
お会いできてうれしいです。	很高兴认识您。 Hěn gāo xìng rèn shi nín ヘン ガウ シン レン ス ニン
私は張と申します。	我姓張。 Wǒ xìng Zhāng ウォ シン ザン
お名前は何というのですか？	你叫什么名字? Nǐ jiào shén me míng zi ニ ジャウ セン モ ミン ズ
斉といいます。	我姓斉。 Wǒ xìng Qí ウォ シン チ
何とお呼びすればよいでしょうか？	怎么称呼您好? Zěn me chēng hū nín hǎo ゼン モ ツェン フ ニン ハウ
斉と呼んでください。	请叫我小斉。 Qǐng jiào wǒ xiǎo Qí チン ジャウ ウォ シャウ チ
よろしくお願いします。	请多关照。 Qǐng duō guān zhào チン ドゥォ グァン ザウ

語句		
	「见面」	会う、顔を合わせる
	「高兴」	うれしい、楽しい
	「认识」	知り合う、知っている
	「姓」	名字、姓
	「叫～」	～という、～と称する
	「名字」	名前
	「关照」	世話をする、配慮する

●国籍、職業

私は日本人です。

我是日本人。
Wǒ shì Rì běn rén
ウォ ス リ ベン レン

私は学生です。

我是学生。
Wǒ shì xué sheng
ウォ ス シュエ セン

私は公務員です。

我是公务员。
Wǒ shì gōng wù yuán
ウォ ス ゴン ウ ユェン

私は会社員です。

我是公司职员。
Wǒ shì gōng sī zhí yuán
ウォ ス ゴン ス ズ ユェン

私は銀行員です。

我是银行职员。
Wǒ shì yín háng zhí yuán
ウォ ス イン ハン ズ ユェン

●出身

出身はどこですか？

你是哪里人?
Nǐ shì nǎ li rén
ニ ス ナ リ レン

東京出身です。

我是东京人。
Wǒ shì Dōng jīng rén
ウォ スドン ジン レン

大阪出身です。

我是大阪人。
Wǒ shì Dà bǎn rén
ウォ ス ダ バン レン

語句		
	「公务员」	公務員
	「公司职员」	会社員
	「银行职员」	銀行員
	「哪里」	どこ

●年令、星座、干支、血液型

あなたは何歳ですか？

你多大了?
Nǐ duō dà le
ニドゥォダ ラ

私は20歳です。

我二十岁。
Wǒ èr shí suì
ウォアル ス スェ

今年35歳です。

今年三十五岁。
Jīn nián sān shi wǔ suì
ジンニェンサンス ウ スェ

あなたの星座は何ですか？

你是什么星座?
Nǐ shì shén me xīng zuò
ニ ス セン モ シンズゥォ

私は水瓶座です。

我是水瓶座。
Wǒ shì Shuǐ píng zuò
ウォス スェピンズゥォ

何年(なにどし)ですか？〔干支〕

你属什么?
Nǐ shǔ shén me
ニ スゥセン モ

卯年(うさぎ)です。

我属兔。
Wǒ shǔ tù
ウォスゥトゥ

血液型は何型ですか？

你是什么血型?
Nǐ shì shén me xuè xíng
ニ ス セン モシュエシン

私はA型です。

我是A型。
Wǒ shì A xíng
ウォ ス エ シン

語句

「多大」	（年齢、サイズなど）どれくらい、いくつ
「～岁」	～歳、～才
「什么」	何
「属～」	～年生まれである、～年である
「血型」	血液型

●言葉（日本語、中国語）

日本語を話せますか？	你会说日语吗? Nǐ huì shuō Rì yǔ ma ニ フェ スゥォ リ ユィ マ
中国語を話せますか？	你会说中文吗? Nǐ huì shuō Zhōng wén ma ニ フェ スゥォ ズォン ウェン マ
英語を話せますか？	你会说英文吗? Nǐ huì shuō Yīng wén ma ニ フェ スゥォ イン ウェン マ
少し話せます。	我会说一点点。 Wǒ huì shuō yì diǎn diǎn ウォ フェ スゥォ イ ディェン ディェン
中国語をどれくらい勉強しましたか？	你中文学多久了? Nǐ Zhōng wén xué duō jiǔ le ニ ズォン ウェン シュエ ドゥォ ジョ ラ
半年です。	学了半年。 Xué le bàn nián シュエ ラ バン ニェン
私の中国語はわかりますか？	我说的中文听得懂吗? Wǒ shuō de Zhōng wén tīng de dǒng ma ウォ スゥォ ダ ズォン ウェン ティン ダ ドン マ
日本語はわかりますか？	你懂日语吗? Nǐ dǒng Rì yǔ ma ニ ドン リ ユィ マ

語句		
	「会」	〜できる
	「说」	話す、言う
	「日语」	日本語
	「中文」	中国語
	「英文」	英語
	「懂」	わかる、理解する

わかります。	懂。 Dǒng ドン
少しわかります。	懂一点点。 Dǒng yì diǎn diǎn ドン イ ディエン ディエン
わかりません。	不懂。 Bù dǒng ブ ドン
よくわかりません。	听不太懂。 Tīng bú tài dǒng ティン ブ タイ ドン
どういう意味？	什么意思? Shén me yì si セン モ イ ス
言い方を変えてください。	请换个说法。 Qǐng huàn ge shuō fǎ チン ファン ガ スゥォ ファ
少しゆっくり話してください。	请说慢一点。 Qǐng shuō màn yì diǎn チン スゥォ マン イ ディエン
もう一度。	再一次。 Zài yí cì ザイ イ ツ

語句

「听」	聴く
「不太」	あまり～ない、それほど～ない
「意思」	意味、内容
「换」	替える、交換する、変更する
「说法」	言い方、言葉づかい
「一点」	少し

Track 18

2

もてなす（食事）

自宅に人を招いたり、食事をすすめるときの表現を覚えましょう。「请（チン）～」は「どうぞ、～してください」というときによく使われる丁寧な表現です。「欢迎」（ファンイン）（ようこそ、いらっしゃいませ）はレストランやお店などでスタッフがお客様を歓迎するときによく使います。

●出迎える

ようこそ！

欢迎!
Huān yíng
ファン イン

よくいらっしゃいました。

欢迎光临。
Huān yíng guāng lín
ファン イン グァン リン

来てくれてありがとう。

谢谢你来。
Xiè xie nǐ lái
シェ シェ ニ ライ

ご招待ありがとう。

谢谢你的招待。
Xiè xie nǐ de zhāo dài
シェ シェ ニ ダ ザウ ダイ

ご招待ありがとうございます。

感谢招待。
Gǎn xiè zhāo dài
ガン シェ ザウ ダイ

お招きありがとうございます。

感谢邀请。
Gǎn xiè yāo qǐng
ガン シェ ヤウ チン

こちらです。

这边。
Zhè biān
ゼ ビェン

どうぞ上がって。

请进。
Qǐng jìn
チン ジン

語句		
	「欢迎」	歓迎する
	「光临」	来訪する
	「你的」	あなたの
	「邀请」	招く、招待する
	「这」	この、これ
	「进」	入る、進む

●**部屋へ案内する**

おかけになって。

请坐。
Qǐng zuò
チン ズゥォ

どうぞ気楽に。

请便。
Qǐng biàn
チン ビェン

何かお飲みになりますか？

你喝什么?
Nǐ hē shén me
ニ ハ センモ

お茶はいかが？

你要茶吗?
Nǐ yào chá ma
ニ ヤウ ツァ マ

ええ。お願いします。

好。谢谢。
Hǎo Xiè xie
ハウ シェ シェ

いいえ。結構です。

不用。谢谢。
Bú yòng Xiè xie
ブ ヨン シェ シェ

遠慮しないで。

别客气。
Bié kè qi
ビェ カ チ

語句		
	「请」	どうぞ、～してください
	「坐」	座る
	「别」	～しないで
	「客气」	丁寧である、遠慮する

料理をもっといかが？

你要再加一点菜吗?
Nǐ yào zài jiā yì diǎn cài ma
ニ ヤウ ザイ ジャ イ ディェン ツァイ マ

●食事をすすめる

たくさん食べてください。

多吃一点。
Duō chī yì diǎn
ドゥォ ツ イ ディェン

ゆっくり召し上がって。

请慢用。
Qǐng màn yòng
チン マン ヨン

遠慮しないで。

不要客气。
Bú yào kè qi
ブ ヤウ カ チ

お口に合いますか？

你喜欢吗?
Nǐ xǐ huan ma
ニ シ ファン マ

もう少しいかが？

再来一点吗?
Zài lái yì diǎn ma
ザイ ライ イ ディェン マ

お茶をどうぞ。

请喝茶。
Qǐng hē chá
チン ハ ツァ

語句		
	「菜」	料理、おかず、野菜
	「吃」	食べる
	「慢」	ゆっくり
	「喜欢」	好きである、気に入る
	「喝」	飲む

●食後に

十分です。ありがとう。	饱了。谢谢。 Bǎo le　Xiè xie バウ ラ　シェ シェ
おなかいっぱいです。	我吃饱了。 Wǒ chī bǎo le ウォ ツ バウ ラ
ごちそうをありがとう。	谢谢你做的菜。 Xiè xie nǐ zuò de cài シェ シェ ニ ズゥォ ダ ツァイ
お招きありがとうございます。	感谢招待。 Gǎn xiè zhāo dài ガン シェ ザウ ダイ
そろそろおいとまします。	我要走了。 Wǒ yào zǒu le ウォ ヤウ ゾウ ラ
お気をつけて。	请慢走。 Qǐng màn zǒu チン マン ゾウ

語句		
	「吃饱」	たくさん食べる
	「你做的」	あなたが作った
	「走」	出る、出発する

●見送る

ご家族によろしくお伝えください。

请代为问候您的家人。
Qǐng dài wéi wèn hòu nín de jiā rén
チン ダイ ウェイ ウン ホウ ニン ダ ジャ レン

また来てください。

欢迎下次再来。
Huān yíng xià cì zài lái
ファン イン シャ ツ ザイ ライ

さようなら。

再见。
Zài jiàn
ザイ ジェン

語句		
	「问候」	あいさつする、機嫌を伺う
	「您的」	あなたの〔丁寧〕
	「家人」	家族
	「下次」	次回

Track 19

3

いろいろな話題
（家族、友人、近況）

親しくなった人と、自分の家族や友人のことなどについて話すこともありますね。人数を数えるとき、一般に「～人」は中国語で「**～个人**（ガレン）」と言いますが、家族の人数を言うときは「**～口人**（コウレン）」と言います。

●日本について

日本は初めてですか？
第一次来日本吗?
Dì yí cì lái Rì běn ma
ディ イ ツ ライ リ ベン マ

いいえ、2回目です。
不是，是第二次。
Bú shì shì dì èr cì
ブ ス ス ディ ア ツ

毎年、遊びに来ています。
每年都会来玩。
Měi nián dōu huì lái wán
メイ ニェン ドウ フェ ライ ワン

日本のこと、よくご存知ですね。
您对日本真了解。
Nín duì Rì běn zhēn liǎo jiě
ニン ドゥェ リ ベン ゼン リャウ ジェ

●家族

我が家は4人家族です。
我家有四口人。
Wǒ jiā yǒu sì kǒu rén
ウォ ジャ ヨ ス コウ レン

私は結婚しています。
我已经结婚了。
Wǒ yǐ jīng jié hūn le
ウォ イ ジン ジェ フン ラ

私は独身です。
我是单身。
Wǒ shì dān shēn
ウォ ス ダン セン

語句

「第一次」	初めて、最初
「第二次」	2回目
「玩」	遊ぶ
「对～」	～について、～に対して
「已经」	もう、既に
「单身」	独身、一人

●家族構成

私には兄が一人います。
我有一个哥哥。
Wǒ yǒu yí ge gē ge
ウォ ヨ イ ガ ガ ガ

私には娘がいます。
我有女儿。
Wǒ yǒu nǚ'ér
ウォ ヨ ヌィ ア

私には娘と息子１人ずついます。
我有一个女儿一个儿子。
Wǒ yǒu yí ge nǚ'ér yí ge ér zi
ウォ ヨ イ ガ ヌィ ア イ ガ ア ズ

●家族を紹介する

こちらは私の妻です。
这是我的太太。
Zhè shì wǒ de tài tai
ゼ ス ウォ ダ タイ タイ

こちらは私の夫です。
这是我的丈夫。
Zhè shì wǒ de zhàng fu
ゼ ス ウォ ダ ザン フ

こちらは娘です。
这是我的女儿。
Zhè shì wǒ de nǚ'ér
ゼ ス ウォ ダ ヌィ ア

こちらは息子です。
这是我的儿子。
Zhè shì wǒ de ér zi
ゼ ス ウォ ダ ア ズ

語句		
	「一个」	一人、一つ
	「哥哥」	兄
	「女儿」	娘
	「太太」	妻、奥さん
	「丈夫」	夫
	「儿子」	息子

●友人について

中国に友達がいます。

我在中国有朋友。
Wǒ zài Zhōng guó yǒu péng you
ウォ ザイ ズォン グォ ヨ ポン ヨ

中国人の友達がいます。

我有中国朋友。
Wǒ yǒu Zhōng guó péng you
ウォ ヨ ズォン グォ ポン ヨ

彼は教師です。

他是老师。
Tā shì lǎo shī
タ ス ラウ ス

私たちは同じ学校です。

我们是同学。
Wǒ men shì tóng xué
ウォ メン ス トン シュエ

私たちは親友です。

我们是好朋友。
Wǒ men shì hǎo péng you
ウォ メン ス ハウ ポン ヨ

●近況

結婚しました。

我结婚了。
Wǒ jié hūn le
ウォ ジェ フン ラ

彼女と婚約しました。

我和我女朋友订婚了。
Wǒ hé wǒ nǚ péng you dìng hūn le
ウォ ハ ウォ ヌィ ポン ヨ ディン フン ラ

採用されました。

我被录取了。
Wǒ bèi lù qǔ le
ウォ ベイ ル チュィ ラ

語句		
	「朋友」	友達、友人
	「老师」	教師、先生
	「我们」	私たち
	「同学」	同級生、同窓
	「订婚」	婚約する
	「录取」	採用する

Track 20

誘う

中国の人たちは皆で集まったり、食事をするのが好きです。「～しよう」と誘うとき、中国語で「**～吧**（バ）」などがよく使われます。カジュアルな表現です。誘いへの返事、残念ながら断るときの表現、行けない理由を述べる表現なども紹介します。

映画は好きですか？

你喜欢电影吗?
Nǐ xǐ huan diàn yǐng ma
ニ シ ファン ディェン イン マ

映画を観るのが好きです。

我喜欢看电影。
Wǒ xǐ huan kàn diàn yǐng
ウォ シ ファン カン ディェン イン

また一緒に行きましょう。

改天一起去吧。
Gǎi tiān yì qǐ qù ba
ガイ ティェン イ チ チュィ バ

何か予定ありますか？

你有什么预定吗?
Nǐ yǒu shén me yù dìng ma
ニ ヨ セン モ ユィ ディン マ

パーティーに行かない？

要不要参加轰趴?
Yào bu yào cān jiā hōng pā
ヤウ ブ ヤウ ツァン ジャ ホン パ

いらっしゃるのを楽しみにしています。

非常期待您的到来。
Fēi cháng qí dài nín de dào lái
フェイ ツァン チ ダイ ニン ダ ダウ ライ

一緒に食事に行きましょう。

一起去吃饭吧。
Yì qǐ qù chī fàn ba
イ チ チュィ ツ ファン バ

一緒に買い物に行きましょう。

一起去买东西吧。
Yì qǐ qù mǎi dōng xī ba
イ チ チュィ マイ ドン シ バ

語句

「喜欢」	好きである
「电影」	映画
「改天」	後日、いつか、今度
「一起」	一緒に
「去」	行く
「买东西」	買い物をする

●誘いへの返事

ぜひぜひ。

一定、一定。
Yí dìng yí dìng
イ ディン イ ディン

いいね。

很好。
Hěn hǎo
ヘン ハウ

時間があれば。

有时间的话。
Yǒu shí jiān de huà
ヨ ス ジェンダ ファ

お誘いありがとう。

谢谢你邀我。
Xiè xie nǐ yāo wǒ
シェ シェ ニ ヤウ ウォ

●誘いを断る、理由を言う

明日は忙しい。

明天很忙。
Míng tiān hěn máng
ミン ティェン ヘン マン

明日は約束がある。

明天有约会。
Míng tiān yǒu yuē huì
ミン ティェン ヨ ユェ フェ

別の予定があります。

我有别的安排了。
Wǒ yǒu bié de ān pái le
ウォ ヨ ビェ ダ アン パイ ラ

ちょっと用事があります。

我有点事。
Wǒ yǒu diǎn shì
ウォ ヨ ディェン ス

語句		
	「一定」	きっと、絶対に
	「邀」	誘う、招待する
	「明天」	明日
	「约会」	会う約束、デート
	「安排」	予定、手配
	「事」	用事、用件

友達と約束があります。
我约了朋友了。
Wǒ yuē le péng you le
ウォ ユエ ラ ポン ヨ ラ

本当に行きたいのですが。
真的很想去。
Zhēn de hěn xiǎng qù
ゼン ダ ヘン シャン チュィ

その日は都合が悪い。
那天我不方便。
Nà tiān wǒ bù fāng biàn
ナ ティエン ウォ ブ ファン ビエン

残念ながら、行けない。
很遗憾，我去不了。
Hěn yí hàn wǒ qù bù liǎo
ヘン イ ハン ウォ チュイ ブ リャウ

●また今度

また誘って。
下次再约我。
Xià cì zài yuē wǒ
シャ ツ ザイ ユエ ウォ

また次回にお話しましょう。
下次再说吧。
Xià cì zài shuō ba
シャ ツ ザイ スゥォ バ

別の機会にしよう。
有机会再说。
Yǒu jī huì zài shuō
ヨ ジ フェ ザイ スゥオ

いつか必ず！
有机会的话一定!
Yǒu jī huì de huà yí dìng
ヨ ジ フェ ダ ファ イ ディン

語句		
	「那天」	その日
	「方便」	都合が良い、便利である
	「下次」	次回、また
	「约」	約束する、誘う、招く
	「说」	話す、おしゃべりする
	「机会」	機会、チャンス

Track 21

恋愛

「**朋友**」(ポンヨ)は「友達、友人」という意味で、「**男朋友**(ナンポンヨ)」「**女朋友**(ヌィポンヨ)」は「彼氏、ボーイフレンド」「彼女、ガールフレンド」という意味です。デートに誘ったり、告白するときの表現などを紹介します。

●好き、愛している

好き。	我喜欢。 Wǒ xǐ huan ウォ シ ファン
あなたが好きだ。	我喜欢你。 Wǒ xǐ huan nǐ ウォ シ ファン ニ
本当にあなたが好き。	我真的很喜欢你。 Wǒ zhēn de hěn xǐ huan nǐ ウォ ゼン ダ ヘン シ ファン ニ
あなたを愛してる。	我爱你。 Wǒ ài nǐ ウォ アイ ニ
あなたに会いたいです。	我很想你。 Wǒ hěn xiǎng nǐ ウォ ヘン シャン ニ
あなたのことをずっと考えていたよ。	我一直在想你。 Wǒ yì zhí zài xiǎng nǐ ウォ イ ズ ザイ シャン ニ

語句		
	「喜欢」	好きである
	「真的」	本当に、実に
	「爱」	愛する
	「一直」	ずっと
	「在～」	～している
	「想」	考える、思う

●話しかける

よくここに来ますか？
你常常来这里吗?
Nǐ cháng cháng lái zhè li ma
ニ ツァン ツァン ライ ゼ リ マ

隣に座ってもいいですか？
我可以坐你旁边吗?
Wǒ kě yǐ zuò nǐ páng biān ma
ウォ カ イ ズゥォ ニ パン ビェン マ

ここにいてもいいですか？
我可以在这里吗?
Wǒ kě yǐ zài zhè li ma
ウォ カ イ ザイ ゼ リ マ

彼氏はいますか？
你有男朋友吗?
Nǐ yǒu nán péng you ma
ニ ヨ ナン ポン ヨ マ

彼女はいますか？
你有女朋友吗?
Nǐ yǒu nǚ péng you ma
ニ ヨ ヌィ ポン ヨ マ

友達になっていただけますか？
我可以跟你做朋友吗?
Wǒ kě yǐ gēn nǐ zuò péng you ma
ウォ カ イ ゲン ニ ズゥオ ポン ヨ マ

語句		
	「常常」	いつも、しばしば、よく
	「旁边」	そば、隣
	「男朋友」	彼氏、ボーイフレンド
	「女朋友」	彼女、ガールフレンド
	「跟你」	あなたと
	「朋友」	友達、友人

●誘う

今夜、何か予定はありますか？ 你今晚有什么安排吗?
Nǐ jīn wǎn yǒu shén me ān pái ma
ニ ジン ワン ヨ センモ アン パイ マ

お茶を飲みに行きませんか？ 要不要去喝杯茶?
Yào bu yào qù hē bēi chá
ヤウ プ ヤウ チュィ ハ ベイ ツァ

いつか一緒に食事しましょう。 找个时间一起吃饭吧。
Zhǎo ge shí jiān yì qǐ chī fàn ba
ザウ ガ スジェン イ チ ツファン バ

何時に迎えに行きましょうか？ 几点去接你好?
Jǐ diǎn qù jiē nǐ hǎo
ジ ディェン チュィ ジェ ニ ハウ

●デート

手をつないでもいいですか？ 我可以牵你的手吗?
Wǒ kě yǐ qiān nǐ de shǒu ma
ウォ カ イ チェン ニ ダ ソウ マ

お話しできてうれしかったです。 我很高兴可以跟您聊天。
Wǒ hěn gāo xìng kě yǐ gēn nín liáo tiān
ウォ ヘン ガウ シン カ イ ゲン ニン リャウ ティェン

家まで送ります。 我送你回家。
Wǒ sòng nǐ huí jiā
ウォ ソン ニ フェ ジャ

語句		
	「安排」	予定、手配
	「找」	見つける
	「接」	迎える
	「高兴」	うれしい
	「聊天」	話す、雑談する、おしゃべりする
	「回家」	帰宅する、家に帰る

●告白、交際を申し込む

私のこと、どう思う？

你觉得我怎么样?
Nǐ jué de wǒ zěn me yàng
ニ ジュェ ダ ウォ ゼン モ ヤン

付き合ってくれる？

可以跟我交往吗?
Kě yǐ gēn wǒ jiāo wǎng ma
カ イ ゲン ウォ ジャウ ワン マ

●思いを伝える

あなたを大切にするから。

我会对你好的。
Wǒ huì duì nǐ hǎo de
ウォ フェ ドゥェ ニ ハウ ダ

あなたのことを考えるとドキドキする。

我一想到你就心跳加快。
Wǒ yì xiǎng dào nǐ jiù xīn tiào jiā kuài
ウォ イ シャンダウ ニ ジョ シンテャウジャ クァイ

●プロポーズ

僕と結婚してくれませんか？

你愿意嫁给我吗?
Nǐ yuàn yì jià gěi wǒ ma
ニ ユェン イ ジャ ゲイ ウォ マ

明日までに返事いただけますか？

可以明天前回复我吗?
Kě yǐ míng tiān qián huí fù wǒ ma
カ イ ミン ティェン チェン フェ フ ウォ マ

語句		
	「觉得」	感じる、思う
	「怎么样」	どう、どのように
	「交往」	付き合う、交際する
	「心跳」	胸がドキドキする
	「愿意」	～する気がある、望む、願う
	「回复」	返事をする

●別れ話

他に好きな人ができた。	我喜欢上别人了。 Wǒ xǐ huan shàng bié rén le ウォ シ ファン サン ビェ レン ラ
別れましょう。	我们分手吧。 Wǒ men fēn shǒu ba ウォ メン フェン ソウ バ
あなたとは暮らせない。	我没办法跟你继续生活。 Wǒ méi bàn fǎ gēn nǐ jì xù shēng huó ウォ メイ バン ファ ゲン ニ ジ シュィ セン フォ
離婚したい。	我想跟你离婚。 Wǒ xiǎng gēn nǐ lí hūn ウォ シャン ゲン ニ リ フン
あなたがいないとだめ。	我没有你不行。 Wǒ méi yǒu nǐ bù xíng ウォ メイ ヨ ニ ブ シン

語句

「别人」	他の人
「分手」	別れる
「办法」	やり方、方法、手段
「跟～」	～と、～と共に
「继续」	続ける
「离婚」	離婚する

Lesson 5

街で使えるフレーズ

街でショッピングをしたり、レストラン、ホテル、銀行、乗り物を利用したときに使える表現を紹介します。街ではいろいろたずねることが多いので、基本的なフレーズを身につけましょう。

Track 22

1

ショッピング

お店でスタッフにたずねたり、サイズ・値段・支払い方法などについて話すときの表現を紹介します。「〜折（ゼ）」は「〜掛にする」という意味で、お店のセールなどでよく見かけます。

いらっしゃいませ。	欢迎光临。 Huān yíng guāng lín ファン イン グァン リン
何かお探しですか？	您在找什么? Nín zài zhǎo shén me ニン ザイ ザウ セン モ
何かご入用ですか？	您要什么? Nín yào shén me ニン ヤウ セン モ
これを見せてください。	给我看这个。 Gěi wǒ kàn zhè ge ゲイ ウォ カン ゼ ガ
あれを見せてください。	给我看那个。 Gěi wǒ kàn nà ge ゲイ ウォ カン ナ ガ
他のも見せてください。	给我看其他的。 Gěi wǒ kàn qí tā de ゲイ ウォ カン チ タ ダ
これが一番人気です。	这个最受欢迎。 Zhè ge zuì shòu huān yíng ゼ ガ ズゥェ ソウ ファン イン
これを買いたいです。	我想买这个。 Wǒ xiǎng mǎi zhè ge ウォ シャン マイ ゼ ガ
いくらですか？	多少钱? Duō shao qián ドゥオ サウ チェン

語句

「找」	探す
「什么」	何、何か
「这个」	これ
「那个」	あれ、それ
「受欢迎」	人気がある、親しまれている
「买」	買う

●洋服

試着できますか？	可以试穿吗? Kě yǐ shì chuān ma カ イ ス ツゥァン マ
試着室はどこですか？	试衣间在哪里? Shì yī jiān zài nǎ li ス イ ジェン ザイ ナ リ
似合いますか？	好看吗? Hǎo kàn ma ハウ カン マ
お似合いです。	很好看。 Hěn hǎo kàn ヘン ハウ カン
あまり似合わないです。	不是很好看。 Bú shì hěn hǎo kàn ブ ス ヘン ハウ カン
まあまあです。	还好。 Hái hǎo ハイ ハウ
別のものを見てみましょう。	看别的吧。 Kàn bié de ba カン ビェ ダ バ
(服が) お似合いです。	穿起来很好看。 Chuān qǐ lai hěn hǎo kàn ツゥァン チ ライ ヘン ハウ カン

語句

「试穿」	試着する
「试衣间」	試着室
「哪里」	どこ
「穿」	着る、身につける
「还好」	まあまあ、まずまず
「看」	見る

●サイズ

他のサイズはありますか？

有其他的尺寸吗?
Yǒu qí tā de chǐ cùn ma
ヨ チ タ ダ ツ ツゥン マ

この服のSサイズはありますか？

这件衣服有小号的吗?
Zhè jiàn yī fu yǒu xiǎo hào de ma
ゼ ジェン イ フ ヨ シャウ ハウ ダ マ

この服のMサイズはありますか？

这件衣服有中号的吗?
Zhè jiàn yī fu yǒu zhōng hào de ma
ゼ ジェン イ フ ヨ ゾン ハウ ダ マ

この服のLサイズはありますか？

这件衣服有大号的吗?
Zhè jiàn yī fu yǒu dà hào de ma
ゼ ジェン イ フ ヨ ダ ハウ ダ マ

大きすぎます。

太大了。
Tài dà le
タイ ダ ラ

小さすぎます。

太小了。
Tài xiǎo le
タイ シャウ ラ

きつすぎます。

太紧了。
Tài jǐn le
タイ ジン ラ

靴のサイズはいくつですか？

您穿几号的鞋?
Nín chuān jǐ hào de xié
ニン ツゥアン ジ ハウ ダ シェ

語句		
	「尺寸」	サイズ、寸法
	「小号」	小さいサイズ、Sサイズ
	「中号」	中くらいのサイズ、Mサイズ
	「大号」	大きいサイズ、Lサイズ
	「紧」	きつい、窮屈である
	「鞋」	靴

ショッピング

●買う

これをください。	给我这个。 Gěi wǒ zhè ge ゲイ ウォ ゼ ガ
この商品、どこにありますか？	这个商品放在哪里? Zhè ge shāng pǐn fàng zài nǎ li ゼ ガ サン ピン ファン ザイ ナ リ
まだありますか？	还有吗? Hái yǒu ma ハイ ヨ マ
お取り寄せできますか？	可以订购吗? Kě yǐ dìng gòu ma カ イ ディン ゴウ マ
もっと安いものはありませんか？	有没有比较便宜的? Yǒu méi yǒu bǐ jiào pián yi de ヨ メイ ヨ ビ ジャウ ピェン イ ダ
3箱、ください。	我要三盒。 Wǒ yào sān hé ウォ ヤウ サン ハ
お一人様、2箱までです。	一个人最多只能买两盒。 Yí ge rén zuì duō zhǐ néng mǎi liǎng hé イ ガ レン ズゥェ ドゥォ ズ ネン マイ リャン ハ

語句		
	「放」	置く
	「订购」	取り寄せる、注文する
	「便宜」	安い
	「盒」	箱、ケース
	「一个人」	一人
	「两」	2、2つ

●市場で

旦那さん、1個買ってください。
先生，买一个吧。
Xiān sheng mǎi yí ge ba
シェン セン マイ イ ガ バ

1個100元です。
一个一百块。
Yí ge yì bǎi kuài
イ ガ イ バイ クァイ

結構です。
不用了。
Bú yòng le
ブ ヨン ラ

見ているだけです。
随便看看而已。
Suí biàn kàn kan ér yǐ
スゥェ ビェン カン カン アイ

別のものを見てみます。
我看一下别的。
Wǒ kàn yí xià bié de
ウォ カン イ シャ ビェ ダ

●発送する

これを配達してもらえますか？
这个可以外送吗?
Zhè ge kě yǐ wài sòng ma
ゼ ガ カ イ ワイ ソン マ

ホテルへ配達してもらえますか？
可以送到饭店吗?
Kě yǐ sòng dào fàn diàn ma
カ イ ソン ダウ ファン ディェン マ

ここへ送ってください。
请送到这里。
Qǐng sòng dào zhè li
チン ソン ダウ ゼ リ

語句		
	「～先生」	～さん〔男性への敬称〕
	「买」	買う
	「随便」	気ままに、好きに、都合の良いように
	「而已」	～だけである、～にすぎない
	「到～」	～へ、～まで
	「饭店」	ホテル

●値段

これはいくらですか？

这个多少钱?
Zhè ge duō shao qián
ゼ ガ ドゥォ サウ チェン

全部でいくらですか？

一共多少钱?
Yí gòng duō shao qián
イ ゴン ドゥォ サウ チェン

高いですね。

好贵。
Hǎo guì
ハウ グェ

(高くて) 買えません。

买不起。
Mǎi bù qǐ
マイ ブ チ

予算を超えています。

超出我的预算了。
Chāo chū wǒ de yù suàn le
ツァウ ツゥ ウォ ダ ユィ スゥァン ラ

まけてください。

算便宜点。
Suàn pián yi diǎn
スゥァン ピェン イ ディェン

もっと安くして。

算更便宜一点。
Suàn gèng pián yi yì diǎn
スゥァン ゲン ピェン イ イ ディェン

語句		
	「多少」	どれくらい
	「钱」	お金、代金、貨幣
	「贵」	高い
	「超出」	超える、超過する
	「算」	勘定する、徴収する
	「再」	もっと

たくさん買うので、少しまけてください。	我买很多，算便宜一点吧。 Wǒ mǎi hěn duō suàn pián yi yì diǎn ba ウォ マイ ヘンドゥォ スゥァンピェンイ イ ディェンバ
もっと安くできませんか？	可不可以再便宜点? Kě bu kě yǐ zài pián yi diǎn カ ブ カ イ ザイ ピェン イ ディエン
これ以上、安くならないよ。	没办法更便宜了。 Méi bàn fǎ gèng pián yi le メイ バン ファ ゲン ピェン イ ラ
他の店でもっと安く売っているのを見ました。	有看到别的店卖更便宜的。 Yǒu kàn dào bié de diàn mài gèng pián yi de ヨ カン ダウ ピェ ダ ディェン マイ ゲン ピェン イ ダ

語句

「买」	買う
「便宜」	安い
「一点」	少し
「办法」	方法、やり方
「别的」	他の
「卖」	売る

●**支払う**

お支払い方法は何でしょうか？	您要用什么支付? Nín yào yòng shén me zhī fù ニン ヤウ ヨン セン モ ズ フ
会員カードをお持ちですか？	有会员卡吗? Yǒu huì yuán kǎ ma ヨ フェ ユェン カ マ
お支払いはご一緒ですか？	一起付吗? Yì qǐ fù ma イ チ フ マ
（お支払いは）別々です。	分开付。 Fēn kāi fù フェン カイ フ
We Chat ペイで払います。	用微信支付。 Yòng Wēi xìn zhī fù ヨン ウェイ シン ズ フ
カードで払います。	刷卡。 Shuā kǎ スゥア カ
現金で払います。	付现。 Fù xiàn フ シェン

語句

	「您」〔丁寧〕	あなた
	「支付」	支払う
	「卡」	カード
	「付」	払う
	「分开」	別々にする
	「付现」	現金で払う、現金払い

●サービス、おまけ

20%オフ。(＝8掛)	打八折。 Dǎ bā zhé ダ バ ゼ
30%オフ。(＝7掛)	打七折。 Dǎ qī zhé ダ チ ゼ
値引き商品です。	打折商品。 Dǎ zhé shāng pǐn ダ ゼ サン ピン
お得です。	很划算。 Hěn huá suàn ヘン ファ スゥアン
これはおまけです。	这个送你的。 Zhè ge sòng nǐ de ゼ ガ ソン ニ ダ
1つ買ったら、1つおまけ。	买一送一。 Mǎi yī sòng yī マイ イ ソン イ

語句

「～折」	～掛にする
「打折」	割引する、値引きする
「划算」	お得である、経済的である
「送」	差し上げる、贈る
「买」	買う

●包装、袋

贈り物です。	要送人的。 Yào sòng rén de ヤウ ソン レン ダ
別々に包んでください。	请分开包装。 Qǐng fēn kāi bāo zhuāng チン フェン カイ バウ ズゥァン
袋は、いりますか？	需要袋子吗? Xū yào dài zi ma シュィ ヤウ ダイ ズ マ
いります。	需要。 Xū yào シュイ ヤウ
いりません。	不需要。 Bù xū yào ブ シュィ ヤウ
袋をください。	给我袋子。 Gěi wǒ dài zi ゲイ ウォ ダイ ズ
大きい袋を１枚ください。	给我一个大袋子。 Gěi wǒ yí ge dà dài zi ゲイ ウォ イ ガ ダ ダイ ズ
小さい袋を１枚ください。	给我一个小袋子。 Gěi wǒ yí ge xiǎo dài zi ゲイ ウォ イ ガ シャウ ダイ ズ

語句

「送」	送る、贈る
「分开」	別々にする
「袋子」	袋
「一个」	１つ、１個

●レシート、領収書

レシートをください。	给我收据。 Gěi wǒ shōu jù ゲイ ウォ ソウ ジュィ
領収書をください。	给我发票。 Gěi wǒ fā piào ゲイ ウォ ファ ピャウ
これが領収書です。	这是发票。 Zhè shì fā piào ゼ ス ファ ピャウ

●交換、返品、返金

これ、壊れています。	这个坏了。 Zhè ge huài le ゼ ガ ファイ ラ
返品したいです。	我想退货。 Wǒ xiǎng tuì huò ウォ シャン トゥエ フォ
交換してほしいです。	我要换一个。 Wǒ yào huàn yí ge ウォ ヤウ ファン イ ガ
返金してほしいです。	我想退款。 Wǒ xiǎng tuì kuǎn ウォ シャン トエ クァン
弁償してほしいです。	我要你赔。 Wǒ yào nǐ péi ウォ ヤウ ニ ペイ

語句

「收据」	レシート、領収書
「发票」	領収書、伝票、勘定書、請求書
「坏」	壊れる、傷む
「换」	交換する、取り換える
「退款」	返金する、払い戻す
「赔」	弁償する、賠償する

Track 23

レストランで

レストランで使える表現を紹介します。お店に入って「～人です」と言うとき、中国語で「**～个人**（ガレン）」と言います。ちなみに家族の人数を言うときは「**～口人**（コウレン）」（135 ページ）ですので、両方を覚えておきましょう。「**AA 制**」（エエズ）は「ワリカン」という意味です。おもしろい表現ですね。

いらっしゃいませ。	欢迎光临。 Huān yíng guāng lín ファン イン グァン リン
予約していますか？	有预约吗? Yǒu yù yuē ma ヨ ユィ ユエ マ
4名で予約しました。	我订了四个人。 Wǒ dìng le sì ge rén ウォ ディン ラ ス ガ レン
予約していません。	我没预约。 Wǒ méi yù yuē ウォ メイ ユィ ユエ
席はありますか？	有位子吗? Yǒu wèi zi ma ヨ ウェ ズ マ
少々お待ちください。	请稍等。 Qǐng shāo děng チン サウ デン
店内でお召し上がりですか？	内用吗? Nèi yòng ma ネイ ヨン マ
はい。	是。 Shì ス
お茶だけでもいいですか？	可以单点茶吗? Kě yǐ dān diǎn chá ma カ イ ダン ディエン ツァ マ

語句

「订」	予約する、申し込む
「位子」	席、座席
「稍」	少し
「等」	待つ
「点」	注文する

●**満席のとき**

満席です。

客满了。
Kè mǎn le
カ マン ラ

どれくらい待ちますか？

要等多久？
Yào děng duō jiǔ
ヤウ デン ドゥォ ジョ

だいたい30分待ちです。

大概需要等三十分钟。
Dà gài xū yào děng sān shí fēn zhōng
ダ ガイ シュィ ヤウ デン サン ス フェン ゾォン

列に並んで。

排队。
Pái duì
パイ ドゥェ

待つのはイヤだ。

我讨厌等。
Wǒ tǎo yàn děng
ウォ タウ イェン デン

別の店に行こう。

去别间吧。
Qù bié jiān ba
チュィ ビェ ジェン バ

語句		
	「客满」	満席、満室
	「大概」	だいたい、およそ
	「排」	並ぶ
	「队」	列、隊、チーム
	「讨厌」	イヤだ、面倒だ

●メニューを見る

メニューをください。
给我菜单。
Gěi wǒ cài dān
ゲイ ウォ ツァイ ダン

ご注文はお決まりですか？
您要点什么?
Nín yào diǎn shén me
ニン ヤウ ディェン セン モ

おすすめの料理を教えてください。
给我们推荐一下吧。
Gěi wǒ men tuī jiàn yí xià ba
ゲイ ウォ メン トゥェ ジェン イ シャ バ

これは何の料理ですか？
这是什么菜?
Zhè shì shén me cài
ゼ ス セン モ ツァイ

ベジタリアンの食事はありますか？
有素食吗?
Yǒu sù shí ma
ヨ スゥ ス マ

何か甘いものはありますか？
有什么甜品吗?
Yǒu shén me tián pǐn ma
ヨ セン モ ティェン ピン マ

語句		
	「菜单」	メニュー
	「点」	注文する
	「我们」	私たち
	「推荐」	すすめる
	「菜」	料理、おかず、野菜
	「素食」	ベジタリアン

●注文する

注文します。	点菜。 Diǎn cài ディェン ツァイ
前菜を注文したいです。	我想点开胃菜。 Wǒ xiǎng diǎn kāi wèi cài ウォ シャン ディェン カイ ウェ ツァイ
サラダを注文したいです。	我想点沙拉。 Wǒ xiǎng diǎn shā lā ウォ シャン ディェン サ ラ
スープを注文したいです。	我想点汤。 Wǒ xiǎng diǎn tāng ウォ シャン ディェン タン
これをお願いします。	我要这个。 Wǒ yào zhè ge ウォ ヤウ ゼ ガ
これとこれをお願いします。	我要这个和这个。 Wǒ yào zhè ge hé zhè ge ウォ ヤウ ゼ ガ ハ ゼ ガ
この料理に何が入ってるの？	这道菜里面有什么? Zhè dào cài lǐ miàn yǒu shén me ゼ ダウ ツァイ リ ミェン ヨ セン モ
これ、どうやって食べるの？	这个怎么吃? Zhè ge zěn me chī ゼ ガ ゼン モ ツ

語句		
	「点」	注文する
	「菜」	料理、おかず、野菜
	「开胃菜」	前菜
	「沙拉」	サラダ
	「里面」	中、内面
	「怎么」	どう、どうやって

●**食べる**

味見してみて。

你尝尝看。
Nǐ cháng cháng kàn
ニ ツァン ツァン カン

食べられないものはありますか？

有不能吃的东西吗?
Yǒu bù néng chī de dōng xi ma
ヨ ブ ネン ツ ダ ドン シ マ

生モノは食べられません。

我不能吃生的。
Wǒ bù néng chī shēng de
ウォ ブ ネン ツ セン ダ

あなたはこれを食べられる？

这你能吃吗?
Zhè nǐ néng chī ma
ゼ ニ ネン ツ マ

これ、食べられる？

这能吃吗?
Zhè néng chī ma
ゼ ネン ツ マ

お箸を落とした。

筷子掉了。
Kuài zi diào le
クァイ ズ デャウ ラ

お箸を２膳ください。

给两双筷子。
Gěi liǎng shuāng kuài zi
ゲイ リャン スゥァン クァイ ズ

語句		
	「～看」	～してみる
	「东西」	物
	「生的」	生モノ
	「筷子」	お箸
	「掉」	落とす
	「两」	2、2つ
	「～双」	～膳、～足

●飲み物

飲み物は何にしますか？	你要喝什么？ Nǐ yào hē shén me ニ ヤウ ハ セン モ
飲み物を注文します。	我要点喝的。 Wǒ yào diǎn hē de ウォ ヤウ ディェン ハ ダ
お茶は要りますか？	你要茶吗？ Nǐ yào chá ma ニ ヤウ ツァ マ
お茶をもらえますか？	可以给点茶水吗？ Kě yǐ gěi diǎn chá shuǐ ma カ イ ゲイ ディェン ツァ スェ マ
白湯はありますか？	有白开水吗？ Yǒu bái kāi shuǐ ma ヨ バイ カイ スェ マ
白湯をください。	给我杯白开水。 Gěi wǒ bēi bái kāi shuǐ ゲイ ウォ ベイ バイ カイ スェ
お水を１杯ください。	给我一杯水。 Gěi wǒ yì bēi shuǐ ゲイ ウォ イ ベイ スェ
ビールを２本ください。	给我两瓶啤酒。 Gěi wǒ liǎng píng pí jiǔ ゲイ ウォ リャン ピン ピ ジョ

語句		
	「点」	注文する
	「甜」	甘い
	「白开水」	白湯
	「一杯水」	一杯の水
	「瓶」	瓶、ボトル
	「啤酒」	ビール

●注文した料理について

この料理は注文していません。 我们没有点这道菜。
Wǒ men méi yǒu diǎn zhè dào cài
ウォ メン メイ ヨ ディェン ゼ ダウ ツァイ

料理がまだ来ていない。 都还没上菜。
Dōu hái méi shàng cài
ドゥォ ハイ メイ サン ツァイ

(料理が) まだ1つ来ていない。 还有一个没上。
Hái yǒu yí ge méi shàng
ハイ ヨ イ ガ メイ サン

30分前に注文しました。 三十分钟前就点菜了。
Sān shí fēn zhōng qián jiù diǎn cài le
サン ス フェン ゾン チェン ジョ ディェン ツァイ ラ

ずっと待たされてるんだけど。 我们已经等了很久了。
Wǒ men yǐ jīng děng le hěn jiǔ le
ウォ メン イ ジン デン ラ ヘン ジョ ラ

ちょっとお待ちください。 请等一下。
Qǐng děng yí xià
チン デン イ シャ

語句		
	「我们」	私たち
	「还没～」	まだ～ない
	「上」	(料理などを) 出す
	「已经」	すでに、もう
	「等」	待つ
	「很久」	ずっと

●スタッフに声をかける

おしぼりをください。	给我热毛巾。 Gěi wǒ rè máo jīn ゲイ ウォ ラ マウ ジン
ナプキンはありませんか？	有餐巾纸吗? Yǒu cān jīn zhǐ ma ヨ ツァン ジン ズ マ
フォークとスプーンをください。	给我刀叉。 Gěi wǒ dāo chā ゲイ ウォ ダウ ツァ
お皿を取り替えてもらえますか？	可以换个盘子吗? Kě yǐ huàn ge pán zi ma カ イ ファン ガ パン ズ マ
いらないお皿を下げてもらえますか？	可以把不要的盘子收走吗? Kě yǐ bǎ bú yào de pán zi shōu zǒu ma カ イ バ ブ ヤウ ダ パン ズ ソウ ゾウ マ

語句		
	「热毛巾」	おしぼり、蒸しタオル
	「餐巾纸」	紙ナプキン、ティッシュペーパー
	「刀叉」	ナイフとフォーク
	「换」	取り替える、交換する
	「盘子」	お皿
	「收」	片づける、しまう

●不満、クレーム

すごくまずい。	太难吃了。 Tài nán chī le タイ ナン ツ ラ
ちょっと味が変だよ。	味道有点奇怪。 Wèi dào yǒu diǎn qí guài ウェ ダウ ヨ ディェン チ グァイ
サービスが良くないね。	服务好差。 Fú wù hǎo chà フ ウ ハウ ツァ
責任者は誰？	负责人是谁? Fù zé rén shì shéi フ ゼ レン ス メエ
店長を呼んできてください。	叫店长出来。 Jiào diàn zhǎng chū lái ジャウ ディェン ザン ツゥ ライ
苦情を言いたいです。	我要投诉。 Wǒ yào tóu sù ウォ ヤウ トウ スゥ

語句

「太～」	とても～、～すぎる
「难吃」	(味が) まずい
「有点」	少し、ちょっと
「服务」	サービス
「负责人」	責任者、担当者
「投诉」	苦情を言う、訴え出る

●支払う

会計してください。

买单。
Mǎi dān
マイ ダン

別々に勘定してください。

请分开算。
Qǐng fēn kāi suàn
チン フェン カイ スゥァン

今回はワリカンにしましょう。

这次 AA 制吧。
Zhè cì A A zhì ba
ゼ ツ エエ ズ バ

ここは私がごちそうします。

这次我请客。
Zhè cì wǒ qǐng kè
ゼ ツ ウォ チン カ

今日、私がおごります。

今天我请客。
Jīn tiān wǒ qǐng kè
ジン ティェン ウォ チン カ

では、お言葉に甘えて。

那，我就不客气了。
Nà wǒ jiù bú kè qì le
ナ ウォ ジョ ブ カ チ ラ

ごちそうさまです。

我吃饱了。
Wǒ chī bǎo le
ウォ ツ バウ ラ

お招きありがとうございます。

感谢招待。
Gǎn xiè zhāo dài
ガン シェ ザウ ダイ

語句		
	「买单」	会計する
	「分开」	別々にする
	「算」	勘定する、計算する
	「这次」	今回
	「AA 制」	ワリカン
	「请客」	おごる、ごちそうする

●テイクアウト、持ち帰り

何人分でしょうか？	几人份? Jǐ rén fèn ジ レン フェン
何個でしょうか？	几个呢? Jǐ ge ne ジ ガ ナ
温めますか？	要加热吗? Yào jiā rè ma ヤウ ジャラ マ
お願いします。	要。 Yào ヤウ
結構です。	不要。 Bú yào ブ ヤウ

●スタッフが見送る

ぜひまたお越しください。	欢迎再来。 Huān yíng zài lái ファン イン ザイ ライ
どうぞお気をつけて。	请慢走。 Qǐng màn zǒu チン マン ゾウ

語句		
	「几人」	何人
	「～份」	～の分
	「几个」	何個
	「加热」	加熱する、温める
	「要」	いる、必要とする
	「欢迎」	歓迎する

Track 24

ホテルで

ホテルに宿泊するときの表現を紹介します。「チェックイン」「チェックアウト」は中国語でそれぞれ「**入住**（ルズゥ）」「**退房**（トゥェファン）」と言います。

●予約

シングルルームを1つ予約したいです。
我想订一间单人房。
Wǒ xiǎng dìng yì jiān dān rén fáng
ウォ シャン ディン イ ジェン ダン レン ファン

ツインルームを1つ予約したいです。
我想订一间标准间。
Wǒ xiǎng dìng yì jiān biāo zhǔn jiān
ウォ シャン ディン イ ジェン ビャウ ズゥン ジェン

ダブルルームを1つ予約したいです。
我想订一间双人房。
Wǒ xiǎng dìng yì jiān shuāng rén fáng
ウォ シャン ディン イ ジェン スゥアン レン ファン

●問い合わせる

空いている部屋はありますか？
有空的房间吗?
Yǒu kōng de fáng jiān ma
ヨ コン ダ ファン ジェン マ

あります。／ありません。
有。/ 没有。
Yǒu Méi yǒu
ヨ メイ ヨ

一泊いくらですか？
一个晚上多少钱?
Yí ge wǎn shang duō shao qián
イ ガ ワン サン ドゥォ サウ チェン

禁煙ルームをお願いします。
我要禁烟房。
Wǒ yào jìn yān fáng
ウォ ヤウ ジン イェン ファン

少々お待ちください。
请等一下。
Qǐng děng yí xià
チン デン イ シャ

語句		
	「订」	予約する、申し込む
	「单人房」	シングルルーム
	「标准间」	ツインルーム
	「双人房」	ダブルルーム
	「等」	待つ

●フロントで

チェックインお願いします。

我要办理入住。
Wǒ yào bàn lǐ rù zhù
ウォ ヤウ バン リ ル ズゥ

902 号室のカギをお願いします。

902 号房的钥匙。
Jiǔ líng èr hào fáng de yào shi
ジョ リン ア ハウ ファン ダ ヤウ ス

チェックアウトお願いします。

我要退房。
Wǒ yào tuì fáng
ウォ ヤウ トゥエ ファン

●スタッフにたずねる

料金は朝食込みですか？

费用有含早餐吗?
Fèi yòng yǒu hán zǎo cān ma
フェイ ヨン ヨ ハン ザウ ツァン マ

朝食は何時からですか？

早餐几点开始?
Zǎo cān jǐ diǎn kāi shǐ
ザウ ツァン ジ ディェン カイ ス

朝食はどこで食べますか？

早餐在哪里吃?
Zǎo cān zài nǎ li chī
ザウ ツァン ザイ ナ リ ツ

405 号室はどこですか？

405 号房在哪里?
Sì líng wǔ hào fáng zài nǎ li
ス リン ウ ハウ ファン ザイ ナ リ

語句		
	「办理」	取り扱う、処理する
	「入住」	チェックイン
	「钥匙」	カギ
	「退房」	チェックアウト
	「早餐」	朝食
	「开始」	始まる、開始する

●スタッフに依頼する

モーニングコールお願いします。 打电话叫我起床。
Dǎ diàn huà jiào wǒ qǐ chuáng
ダ ディェン ファ ジャウ ウォ チ ツゥァン

クリーニングをお願いします。 我要送洗。
Wǒ yào sòng xǐ
ウォ ヤウ ソン シ

部屋を掃除しに来ていただけますか？ 可以来打扫房间吗?
Kě yǐ lái dǎ sǎo fáng jiān ma
カ イ ライ ダ サウ ファン ジェン マ

タクシーを呼んでください。 帮我叫辆出租车。
Bāng wǒ jiào liàng chū zū chē
バン ウォ ジャウ リャン ツゥ ズゥ ツェ

●苦情、クレーム

隣がうるさいです。 隔壁很吵。
Gé gì hěn chǎo
ガ ビ ヘン ツァウ

部屋は変な匂いがします。 房间有股奇怪的味道。
Fáng jiān yǒu gǔ qí guài de wèi dào
ファン ジェン ヨ グ チ グァイ ダ ウェ ダウ

部屋をかえていただけますか？ 可以换房间吗?
Kě yǐ huàn fáng jiān ma
カ イ ファン ファン ジェン マ

語句	「打电话」	電話をかける
	「打扫」	掃除する
	「帮」	手助けする、手伝う
	「出租车」	タクシー
	「隔壁」	隣、隣室、隣家
	「吵」	うるさい

Track 25

銀行、ATMで

銀行でよく使う表現を紹介します。「**提款机**（ティクァンジ）」は「支払機、ATM」という意味です。「**卡**（カ）」「**密码**（ミマ）」はそれぞれ「カード」「パスワード」という意味で、いずれもよく使う単語です。

●銀行へ

銀行はどこですか？	银行在哪里? Yín háng zài nǎ li イン ハン ザイ ナ リ
両替したいのですが。	我想要换钱。 Wǒ xiǎng yào huàn qián ウォ シャン ヤウ ファン チェン
人民元に両替したいです。	我想换人民币。 Wǒ xiǎng huàn Rén mín bì ウォ シャン ファン レン ミン ビ
お金をおろしたいです。	我想要取钱。 Wǒ xiǎng yào qǔ qián ウォ シャン ヤウ チュイ チェン

● ATM 操作

近くに ATM はありますか？	附近哪里有提款机? Fù jìn nǎ li yǒu tí kuǎn jī フ ジン ナ リ ヨ ティ クァン ジ
このカードは使えますか？	这张卡可以用吗? Zhè zhāng kǎ kě yǐ yòng ma ゼ ザン カ カ イ ヨン マ
パスワードを入力してください。	请输入密码。 Qǐng shū rù mì mǎ チン スゥ ル ミ マ
OK ボタンを押してください。	请按 OK 键。 Qǐng àn OK jiàn チン アン オーケー ジェン

語句		
	「换钱」	両替する
	「取钱」	お金をおろす
	「输入」	入力する、輸入する
	「密码」	パスワード、暗号
	「按」	押す
	「OK 键」	OK ボタン

●確認、承認

本人確認が必要です。

需要做一下身分确认。
Xū yào zuò yí xià shēn fēn què rèn
シュィ ヤウ ズゥォ イ シャ セン フェン チュエ レン

確認してください。

请确认。
Qǐng què rèn
チン チュエ レン

●窓口の行員

登録のご住所はどこですか？

您登录的住址?
Nín dēng lù de dì zhǐ
ニン デン ル ダ ズゥ ズ

生年月日をおっしゃってください。

您的生日。
Nín de shēng rì
ニン ダ セン リ

あなたと登録者とのご関係は？

您跟登录者的关系是?
Nín gēn dēng lù zhě de guān xi shì
ニン ゲン デン ル ザ ダ グァン シ ス

確認が終わりました。

确认完毕。
Què rèn wán bì
チュエ レン ワン ビ

確認できません。

无法确认。
Wú fǎ què rèn
ウ ファ チュエ レン

語句		
	「做」	する、行う
	「确认」	確認する
	「登录」	登録する
	「住址」	住所、アドレス
	「生日」	生年月日
	「完毕」	済む、終わる、完了する

●トラブル

カードを盗まれました。

卡片被偷了。
Kǎ piàn bèi tōu le
カ ピエン ベイトウ ラ

キャンセルします。

我要取消。
Wǒ yào qǔ xiāo
ウォ ヤウ チュィ シャウ

語句		
	「卡片」	カード
	「被～」	～される
	「偷」	盗む
	「取消」	キャンセルする、取り消す

Track 26

乗り物
（地下鉄、タクシー、バス）

駅でチケットを購入したり、タクシー、バスなどを利用するときの表現を紹介します。中国語の「**公共汽车**」（ゴンゴンチツェ）は「バス」という意味ですので「汽車」と間違えないようにしましょう。

●駅

地下鉄の駅はどこですか？	地铁站在哪里？ Dì tiě zhàn zài nǎ li ディ ディェ ザン ザイ ナ リ
チケットはどこで買えますか？	在哪里买票？ Zài nǎ li mǎi piào ザイ ナ リ マイ ピャウ
北京まで。	到北京。 Dào Běi jīng ダウ ベイ ジン
この電車は長春に止まりますか？	这辆电车停长春吗？ Zhè liàng diàn chē tíng Cháng chūn ma ゼ リャン ディェン ツェ ティン ツァン ツゥン マ
吉林までどのくらいかかりますか？	到吉林大概需要多久？ Dào Jí lín dà gài xū yào duō jiǔ ダウ ジ リン ダ ガイ シュィ ヤウ ドゥォ ジョ
いくらですか？	多少钱？ Duō shao qián ドゥォ サウ チェン
片道切符〔往復切符〕を。	单程票〔往返票〕一张。 Dān chéng piào Wǎng fǎn piào yì zhāng ダン ツェン ピャウ ワン ファン ピャウ イ ザン
大人１枚、子供２枚。	大人一张，儿童两张。 Dà rén yì zhāng, ér tóng liǎng zhāng ダ レン イ ザン ア トン リャン ザン

語句

「地铁」	地下鉄
「～站」	～駅
「买」	買う
「电车」	電車
「多久」	どのくらい
「～张」	～枚

乗り物（地下鉄、タクシー、バス）

●タクシー

タクシー乗り場はどこですか？ **在哪里坐出租车?**
Zài nǎ li zuò chū zū chē
ザイ ナ リ ズゥォ ツゥ ズゥ ツェ

運転手さん、空港まで。 **师傅，到机场。**
Shī fù dào jī chǎng
ス フ ダウ ジ ツァン

この住所までお願いします。 **请到这个地址。**
Qǐng dào zhè ge dì zhǐ
チン ダウ ゼ ガ ディ ズ

A ホテルまでお願いします。 **请到 A 饭店。**
Qǐng dào A fàn diàn
チン ダウ エ ファン ディェン

急いでいます。 **我赶时间。**
Wǒ gǎn shí jiān
ウォ ガン ス ジェン

まっすぐ行って。 **直走。**
Zhí zǒu
ズ ゾウ

通り過ぎました。 **开过头了。**
Kāi guò tóu le
カイ グォ トウ ラ

U ターンして。 **掉头。**
Diào tóu
デャウ トウ

語句		
	「出租车」	タクシー
	「师傅」	※専門の技能者への呼びかけ
	「机场」	空港
	「走」	行く、進む
	「过头」	超える、過ぎる
	「掉头」	向きを変える、ふり返る

この辺でいいです。

这里就好。
Zhè li jiù hǎo
ゼ リ ジョ ハウ

車を止めて。

停车。
Tíng chē
ティン ツェ

●バス

バス停はどこですか？

公共汽车站在哪里?
Gōng gòng qì chē zhàn zài nǎ li
ゴン ゴン チ ツェ ザン ザイ ナ リ

この通りですか？

是这条路吗?
Shì zhè tiáo lù ma
ス ゼ テャウ ル マ

ここから近いですか？

离这里近吗?
Lí zhè li jìn ma
リ ゼ リ ジン マ

ここから遠いですか？

离这里远吗?
Lí zhè li yuǎn ma
リ ゼ リ ユェン マ

語句		
	「这里」	ここ
	「公共汽车」	バス
	「站」	停留所
	「路」	道、通り
	「离～」	～から
	「远」	遠い

Lesson 6

気持ちを表す

日本語と同様に、中国語にも「喜怒哀楽」の表現が多数あります。プラスの感情（うれしい、楽しい）、マイナスの感情（悲しい、残念）、ほめるとき、励ますときなど、よく使われる表現を紹介します。

Track 27

1

うれしい、楽しい

「うれしい」「よかった」など、プラスの感情のフレーズを覚えましょう。中国語の「**放心**」（ファンシン）は「安心する」という意味です。

うれしい。

我很高兴。
Wǒ hěn gāo xìng
ウォ ヘン ガウ シン

とてもうれしい。

我非常高兴。
Wǒ fēi cháng gāo xìng
ウォ フェイ ツァン ガウ シン

お会いできてうれしいです。

很高兴认识您。
Hěn gāo xìng rèn shi nín
ヘン ガウ シン レン ス ニン

すごくおもしろい。

太好笑了。
Tài hǎo xiào le
タイ ハウ シャウ ラ

とてもよかった。

太好了。
Tài hǎo le
タイ ハウ ラ

安心しました。

我放心了。
Wǒ fàng xīn le
ウォ ファン シン ラ

満足です。

我很满意。
Wǒ hěn mǎn yì
ウォ ヘン マン イ

気持ちいい。

好舒服。
Hǎo shū fu
ハウ スゥ フ

語句		
	「高兴」	うれしい、楽しい
	「认识」	知り合う
	「好笑」	おもしろい、おかしい
	「放心」	安心する
	「满意」	満足する
	「舒服」	気持ちいい、心地よい

Track 28

2

悲しい、残念

「悲しい」「残念だ」など、マイナスの感情のフレーズを覚えましょう。中国語の「**遗憾**」（イハン）は「残念だ」という意味で、日本語と似ていますね。

悲しい。

我好伤心。
Wǒ hǎo shāng xīn
ウォ ハウ サン シン

残念だ。

很遗憾。
Hěn yí hàn
ヘン イ ハン

本当に残念だ。

真是遗憾。
Zhēn shì yí hàn
ゼン ス イ ハン

がっかりだ。

好失望。
Hǎo shī wàng
ハウ ス ワン

ついてない。

好倒楣。
Hǎo dǎo méi
ハウ ダウ メイ

絶望的だ。

令人绝望。
Lìng rén jué wàng
リン レン ジュェ ワン

辛いよ。

好痛苦。
Hǎo tòng kǔ
ハウ トン ク

語句		
	「伤心」	悲しい、哀しい
	「遗憾」	残念だ
	「失望」	がっかりだ、失望した
	「倒楣」	不運な
	「令人～」	（人に）～させる
	「痛苦」	辛い、苦痛だ

Track 29

ほめる、賞賛する

「いいね」「すごい」「かわいい」など、ほめるときの表現を覚えましょう。「**厉害**」（リハイ）は度が過ぎる様子を表し、ほめ言葉にも悪い言葉にもなります。

いいね。すばらしい。	赞。 Zàn ザン
いいね。	很好。 Hěn hǎo ヘン ハウ
すばらしい。／よくできた。	好棒。 Hǎo bàng ハウ バン
グッドアイデア。	好主意。 Hǎo zhǔ yì ハウ ズゥ イ
すごい。	好厉害。 Hǎo lì hai ハウ リ ハイ
すごいじゃない。	太厉害了。 Tài lì hai le タイ リ ハイ ラ
かっこいい。	好帅。 Hǎo shuài ハウ スゥァイ
クールだね。	好酷。 Hǎo kù ハウ ク

語句

「赞」	いい
「棒」	すばらしい、優れている
「主意」	アイデア、考え
「厉害」	すごい、上手だ
「帅」	かっこいい、粋である
「酷」	クールだ

最高。	**超赞的。** Chāo zàn de ツァウ ザン ダ
かわいいね。	**好可爱。** Hǎo kě ài ハウ カ アイ
きれいね。	**好漂亮。** Hǎo piào liang ハウ ピャウ リャン
美しいね。	**好美。** Hǎo měi ハウ メイ

●子供をほめる

お利口さん。	**好乖。** Hǎo guāi ハウ グァイ
お上手。	**好棒。** Hǎo bàng ハウ バン
上手にできたね。	**你做得很好。** Nǐ zuò de hěn hǎo ニ ズゥォ ダ ヘン ハウ

語句		
	「可爱」	かわいい、愛らしい
	「漂亮」	きれいである、美しい
	「乖」	(子供が) 利口である
	「棒」	上手な、良い、すてきな
	「做」	する、行う

●相手をほめる

頭いい。	好聪明。 Hǎo cōng míng ハウ ツォン ミン
本当に頭がいいね。	你真聪明。 Nǐ zhēn cōng míng ニ ゼン ツォン ミン
完璧だね。	好完美。 Hǎo wán měi ハウ ワン メイ
よく気がつくね。	你很周到嘛。 Nǐ hěn zhōu dào ma ニ ヘン ゾウ ダウ マ
いい人だね。	你人真好。 Nǐ rén zhēn hǎo ニ レン ゼン ハウ
本当に面白いね。	你真幽默。 Nǐ zhēn yōu mò ニ ゼン ヨ モ
あなたはとても美しいです。	你长得真漂亮。 Nǐ zhǎng de zhēn piào liang ニ ザンダ ゼン ピャウ リャン
あなたは若く見えますね。	你看起来好年轻。 Nǐ kàn qǐ lai hǎo nián qīng ニ カン チ ライ ハウ ニェン チン

語句

「聡明」	賢い、頭がいい
「好」	良い、いい
「幽默」	ユーモアがある
「漂亮」	美しい、きれいな
「看起来～」	～のように見える
「年轻」	年が若い

Track 30

励ます、気づかう

相手を励ますとき、「**加油!**」（ジャヨ）がよく使われます。「がんばって」という意味です。中国語の「**精神**」は「ジンセン」と発音します。「精神」だけでなく「元気」という意味もあります。

がんばれ！	加油! Jiā yóu ジャ ヨ
がんばって。	干巴爹。 Gān bā diē ガン バ デ
元気を出して。	打起精神来。 Dǎ qǐ jīng shén lái ダ チ ジン セン ライ
もう少しがんばろう。	再加把劲。 Zài jiā bǎ jìn ザイ ジャ バ ジン
そう、その調子よ。	对，就是这样。 Duì jiù shì zhè yàng ドェ ジョ ス ゼ ヤン
君ならできる。	你可以的。 Nǐ kě yǐ de ニ カ イ ダ
もっとできるはず。	你可以做得更好。 Nǐ kě yǐ zuò de gèng hǎo ニ カ イ ズゥォ ダ ゲン ハウ
あなたを応援しているよ。	我会为你加油的。 Wǒ huì wèi nǐ jiā yóu de ウォ フェ ウェイ ニ ジャ ヨ ダ

語句

「干巴爹」	※日本語の「がんばって」に由来。
「精神」	元気、精神、心
「加把劲」	がんばる
「对」	合っている
「做」	する、やる、行う
「加油」	応援する

すぐ良くなるよ。

马上就会好了。
Mǎ shàng jiù huì hǎo le
マ サン ジョ フェ ハウ ラ

あまり落ち込まないで。

不要太伤心了。
Bú yào tài shāng xīn le
ブ ヤウ タイ サン シン ラ

心配しないで。

别担心。/ 不要担心。
Bié dān xīn / Bú yào dān xīn
ビェ ダン シン / ブ ヤウ ダン シン

あきらめないで。

别放弃。/ 不要放弃。
Bié fàng qì / Bú yào fàng qì
ビェ ファン チ / ブ ヤウ ファン チ

負けないで。

别认输。
Bié rèn shū
ビェ レン シュ

大丈夫だよ。

没问题。
Méi wèn tí
メイ ウェン ティ

泣かないで。

不要哭了。
Bú yào kū le
ブ ヤウ ク ラ

涙を拭いて。

眼泪擦擦吧。
Yǎn lèi cā ca ba
イェン レイ ツァ ツァ バ

語句		
	「马上」	すぐに
	「伤心」	悲しむ
	「担心」	心配する
	「放弃」	あきらめる、放棄する
	「认输」	負けを認める
	「哭」	泣く

●気づかう

大丈夫？	你还好吧? Nǐ hái hǎo ba ニ ハイ ハウ バ
どうしたの？	你怎么了? Nǐ zěn me le ニ ゼン マ ラ
どうかしたの？	你怎么样? Nǐ zěn me yàng ニ ゼン マ ヤン
気分悪い？／気持ち悪い？	不舒服吗? Bù shū fu ma ブ シュウ フ マ
疲れた？	你累了吗? Nǐ lèi le ma ニ レイ ラ マ
顔色が悪いね。	你脸色看起来不好。 Nǐ liǎn sè kàn qǐ lai bù hǎo ニ リェン セ カン チ ライ ブ ハウ
気をつけてね。	小心。 Xiǎo xīn シャウ シン
お大事に。	请多保重。 Qǐng duō bǎo zhòng チン ドゥォ バウ ジォン

語句

「还好」	元気である、大丈夫
「舒服」	気持いい、心地よい
「累」	疲れている
「脸色」	顔色
「看起来～」	～のように見える
「保重」	注意する、大事にする

Track 31

驚く、不安

驚いたとき、中国語では様々な言い方があります。映画やドラマなどでもよく聞くフレーズを紹介します。

まさか。	不会吧。 Bú huì ba ブ フェ バ
本当？／マジ？	真的吗? Zhēn de ma ゼン ダ マ
確か？	你确定? Nǐ què dìng ニ チュエ ディン
あり得ない。	不可能。 Bù kě néng ブ カ ネン
驚いた。	我好吃惊。 Wǒ hǎo chī jīng ウォ ハウ ツ ジン
びっくりした。	吓一跳。 Xià yí tiào シャ イ テャウ
びっくりしたじゃない。	吓死宝宝了。 Xià sǐ bǎo bao le シャ ス バウ バウ ラ
驚かせないで。	别吓我。 Bié xià wǒ ビェ シャ ウォ

語句

「真的」	本当だ、本当に
「～吗?」	～か？　～ですか？
「确定」	確定する
「吃惊」	驚く、びっくりする
「吓一跳」	びっくるする、驚く
「吓」	驚かす

●信じられない

ウソだろ。

你骗人。
Nǐ piàn rén
ニ ピェン レン

本当に信じられない。

真不敢相信。
Zhēn bù gǎn xiāng xìn
ゼン ブ ガン シャン シン

想像できない。

无法想象。
Wú fǎ xiǎng xiàng
ウ ファ シャン シャン

冗談じゃないよ。

别开玩笑。
Bié kāi wán xiào
ビェ カイ ワン シヤウ

そんなはずないよ。

不应该啊。
Bù yīng gāi a
ブ イン ガイ ア

とんでもない。

没道理啊。
Méi dào lǐ a
メイ ダウ リ ア

こんなこと初めてだよ。

第一次碰到这种事。
Dì yī cì pèng dào zhè zhǒng shì
ディ イ ツ ポン ダウ ゼ ゾン ス

語句		
	「骗」	だます、欺く
	「相信」	信じる、信用する
	「玩笑」	冗談
	「应该～」	～のはずだ
	「碰」	出くわす、当たる
	「这种」	このような、こんな

●不安、恐怖

こわい？	害怕吗? Hài pà ma ハイ パ マ
こわくない？	不害怕吗? Bú hài pà ma ブ ハイ パ マ
心配だ。	我很担心。 Wǒ hěn dān xīn ウォ ヘン ダン シン
なんだか少し不安だ。	我总觉得有点不安。 Wǒ zǒng jué de yǒu diǎn bù ān ウォ ズォン ジュェ ダ ヨ ディェン ブ アン
怖がらないで。	不要害怕。 Bú yào hài pà ブ ヤウ ハイ パ
あわてないで。	不要慌。 Bú yào huāng ブ ヤウ ファン
ゆっくり行こう。	慢慢来。 Màn màn lái マン マン ライ

語句

「害怕」	怖い、不安になる
「担心」	心配する
「总觉得」	なんだか、どうやら
「有点」	少し
「慌」	あわてる
「慢慢」	ゆっくり

Track 32

怒る、不満、グチ

怒ったとき、不満やグチを言うときも様々な言い方があります。「**太**（タイ）〜」は「とても〜」「〜すぎる」という意味です。206ページの「**胡说八道**」（フスゥォバダウ）は「デタラメを言う」という意味で、中国の四字熟語です。

ドタキャンされた。	被放鸽子了。 Bèi fàng gē zi le ベイ ファン ガ ズ ラ
ひどすぎる。	太过分了。 Tài guò fèn le タイ グォ フェン ラ
むかつく。	气死我了。 Qì sǐ wǒ le チ ス ウォ ラ
腹立たしい。	气死了。 Qì sǐ le チ ス ラ
不公平だ。	这不公平。 Zhè bù gōng píng ゼ ブ ゴン ピン
もうたくさんだ。	我受够了。 Wǒ shòu gòu le ウォ ソウ ゴウ ラ
いいかげんにして。	适可而止。 Shì kě ér zhǐ ス カ ア ズ
ウザい。	你很烦耶。 Nǐ hěn fán ye ニ ヘン ファン イェ
デタラメだ。	胡扯。 Hú chě フ ツェ

語句

「放鸽子」	すっぽかす、ドタキャンする ※「放鸽子」(鳩を放す)
「过分」	ひどい、行き過ぎる
「气死」	怒り狂う
「够了」	たくさんだ、ウンザリだ
「胡扯」	デタラメを言う

●**怒る**

ふざけるな。

別开玩笑了。
Bié kāi wán xiào le
ビェ カイ ワン シャウ ラ

デタラメ言わないで。

别胡说八道。
Bié hú shuō bā dào
ビェ フ スゥォ バ ダウ

適当なことを言わないで。

不要乱说。
Bú yào luàn shuō
ブ ヤウ ルァン スゥォ

私を怒らせないで。

不要惹我生气。
Bú yào rě wǒ shēng qì
ブ ヤウ ラ ウォ セン チ

聞きたくない！

我不想听!
Wǒ bù xiǎng tīng
ウォ ブ シャン ティン

失せろ。

滚。
Gǔn
グン

黙れ！

闭嘴!
Bì zuǐ
ビ ズゥェ

余計なお世話だ。

多管闲事。
Duō guǎn xián shì
ドゥォ グァン シェン ス

語句		
	「胡说八道」	デタラメを言う
	「乱说」	無責任なことを言う
	「生气」	怒り、立腹
	「滚」	出て行け、消え失せろ
	「闭嘴」	黙る
	「管闲事」	お節介、ちょっかい

●拒む

興味ない。

没兴趣。
Méi xìng qu
メイ シン チュィ

私にかまわないで。

别管我。
Bié guǎn wǒ
ビェ グァン ウォ

もういい。

算了。
Suàn le
スゥァン ラ

●不満、いらだつ

遠すぎ。

太远了。
Tài yuǎn le
タイ ユェン ラ

時間がかかりすぎ。

太久了。
Tài jiǔ le
タイ ジョ ラ

待つのはイヤだ。

我讨厌等。
Wǒ tǎo yàn děng
ウォ タウ イェン デン

急いで。

快点。
Kuài diǎn
クァイ ディェン

語句		
	「兴趣」	興味、関心
	「管」	関わる、気にかける
	「远」	遠い
	「讨厌」	イヤだ、面倒だ
	「等」	待つ
	「快点」	急ぐ、早く

●グチを言う、不愉快

ケチ！	小气! Xiǎo qì シャウ チ
これはボッタクリだ。	这是敲竹杠吧。 Zhè shì qiāo zhú gàng ba ゼ ス チャゥ ズゥ ガン バ
サービス最低だね。	服务好差。 Fú wù hǎo chà フ ウ ハウ ツァ
上司がうっとうしい。	上面的很烦。 Shàng mian de hěn fán サン ミェン ダ ヘン ファン
同僚が意地悪。	同事会欺负人。 Tóng shì huì qī fù rén トン ス フェ チ フ レン
結構ストレス。	很有压力。 Hěn yǒu yā lì ヘン ヨ ヤ リ

語句

「小气」	ケチ
「敲竹杠」	（高値を）ふっかける
「服务」	サービス
「同事」	同僚
「欺负」	いじめる
「压力」	ストレス、重荷、負担

●あせる

やばい。	惨了。 Cǎn le ツァン ラ
しまった。	糟了。 Zāo le ザウ ラ
うわぁ！〔神様！〕	天哪! Tiān na ティェン ナ
大変だ。	不好了。 Bù hǎo le ブ ハウ ラ
どうしよう？	怎么办? Zěn me bàn ゼン モ バン
おしまいだ。	完蛋了。 Wán dàn le ワン ダン ラ
ついてない。	好倒霉。 Hǎo dǎo méi ハウ ダウ メイ

語句

「惨」	悲惨だ、みじめだ
「糟」	まずい、ダメだ
「天哪」	※感嘆詞
「怎么办」	どうするか
「完蛋」	おじゃんになる、破滅する
「倒霉」	不運な目に遭う

Track 33

7

こんな時のひとこと

困ったとき、何かお願いしたいときに使える表現を紹介します。中国語では212ページの「**救救**（ジョジョ）」「**求求**（チョウチョウ）」のように、同じ漢字２文字の表現がよく使われます。

●困ったとき

手伝ってください。	帮帮忙。 Bāng bāng máng バン バン マン
頭、真っ白。	脑子一片空白。 Nǎo zi yí piàn kòng bái ナウ ズ イ ピェン コン バイ
どうすればいいか、わからない。	都不知道该怎么办。 Dōu bù zhī dao gāi zěn me bàn ドゥ ブ ズ ダウ ガイ ゼン モ バン

●反省する

すべて、私が悪いの。	都是我不好。 Dōu shì wǒ bù hǎo ドゥ ス ウォ ブ ハウ
仲直りしよう。	我们和好吧。 Wǒ men hé hǎo ba ウォ メン ハ ハウ バ
後悔している。	很后悔。 Hěn hòu huǐ ヘン ホゥ フェイ
もう二度としない。	下次不敢了。 Xià cì bù gǎn le シャ ツ ブ ガン ラ

語句

「帮」	手助けする、手伝う
「脑子」	脳
「该～」	～すべきである
「都」	すべて、全部
「和好」	仲直りする
「后悔」	後悔する

●お願いする

お願いがあるんだ。

有事想拜托你。
Yǒu shì xiǎng bài tuō nǐ
ヨ ス シャン バイ トゥオ ニ

手を貸して。〔忙しい時〕

帮我一下。
Bāng wǒ yí xià
バン ウォ イ シャ

どうか助けて。

救救我。
Jiù jiu wǒ
ジョ ジョ ウォ

助けてよ。

帮忙吧。
Bāng máng ba
バン マン バ

お願いだから。

拜托拜托。
Bài tuō bài tuō
バイ トゥォ バイ トゥォ

お願いだよ。

求求你了。
Qiú qiu nǐ le
チョウ チョウ ニ ラ

●感じたことを言う

悪くない。

不错。
Bú cuò
ブ ツゥォ

まあまあ。

还可以。
Hái kě yǐ
ハイ カ イ

語句		
	「错」	悪い、間違っている、はずれる
	「拜托」	お願いする、頼む
	「帮」	手助けする、手伝う
	「救」	助ける、救う
	「帮忙」	手助けする、手伝う
	「求」	求める、願う、頼む

いいと思う。

我觉得不错。
Wǒ jué de bú cuò
ウォ ジュエ ダ ブ ツゥォ

私もそう思う。

我也这样想。
Wǒ yě zhè yàng xiǎng
ウォ イェ ゼ ヤン シャン

うらやましい。

好羡慕。
Hǎo xiàn mù
ハウ シェン ム

簡単だ。

很简单。
Hěn jiǎn dān
ヘン ジェン ダン

ちょっと大変。

有点吃力。
Yǒu diǎn chī lì
ヨ ディェン ツ リ

面倒くさい。

真麻烦。
Zhēn má fan
ゼン マ ファン

イヤだ。

真讨厌。
Zhēn tǎo yàn
ゼン タウ イエン

語句

「觉得」	感じる、思う
「～也」	～も
「这样」	そのように、このように
「吃力」	苦労する、骨が折れる
「麻烦」	煩わしい、面倒だ
「讨厌」	イヤだ、煩わしい

Lesson 7

日常生活の会話

　家の中での会話、外出する、子供と遊ぶ、天気の話題など、日々の暮らしの中でよく使われる表現を紹介します。体調が良くないとき、薬を買いたいときなどの表現も知っておくと安心です。

Track 34

家庭で

家にいるとき、来客･電話などに応対することもあります。自宅の電話、自分のスマホ・携帯を使うときの表現を紹介します。中国語の「**手机**」は「携帯、スマホ」という意味で、「ソウジ」と発音します。

●来客、インターホン

誰か来たね。

有人来了。
Yǒu rén lái le
ヨ レン ライ ラ

誰が来たか、ちょっと見てきて。

看一下谁来了。
Kàn yí xià shéi lái le
カン イ シャ スェ ライ ラ

●案内する

こちらで靴を脱いでください。

请在这里脱下鞋。
Qǐng zài zhè li tuō xià xié
チン ザイ ゼ リ トゥオ シャ シェ

こちらでスリッパに履き替えてください。

请在这里换上拖鞋。
Qǐng zài zhè li huàn shang tuō xié
チン ザイ ゼ リ ファン サン トゥオ シェ

上着はこちらへおかけください。

请把你的外套挂在这里。
Qǐng bǎ nǐ de wài tào guà zài zhè li
チン バ ニ ダ ワイ タウ グァ ザイ ゼ リ

上着を脱いで、くつろいでください。

请脱下外套放松一下。
Qǐng tuō xià wài tào fàng sōng yí xià
チン トゥオ シャ ワイ タウ ファン ソン イ シャ

コートをお預かりしましょう。

我保管你的外套。
Wǒ bǎo guǎn nǐ de wài tào
ウォ バウ グァン ニ ダ ワイ タウ

語句		
	「脱下」	脱ぐ
	「鞋」	靴
	「换上」	履き替える、替える
	「拖鞋」	スリッパ
	「外套」	上着、ジャケット、コート
	「放松」	リラックスする、くつろぐ

●電話

電話だ。	电话。 Diàn huà ディェン ファ
電話にちょっと出て。	接一下电话。 Jiē yí xià diàn huà ジェ イ シャ ディェン ファ
どなた？	是谁? Shì shéi ス スェ
誰からの電話？	谁打来的电话? Shéi dǎ lái de diàn huà スェ ダ ライ ダ ディェン ファ
王さんから。〔男性〕	是王先生打来的。 Shì Wáng xiān sheng dǎ lái de ス ワン シェン セン ダ ライ ダ
李さんから。〔女性〕	是李女士打来的。 Shì Lǐ nǚ shì dǎ lái de ス リ ヌィ ス ダ ライ ダ
誰あての電話？	找谁的电话? Zhǎo shéi de diàn huà ザウ スェ ダ ディェン ファ
私によ。	找我的。 Zhǎo wǒ de ザウ ウォ ダ

語句		
	「电话」	電話
	「接～」	（電話に）出る、（電話を）受ける
	「一下」	ちょっと
	「谁」	誰
	「～打来的」	～からの電話
	「找～」	～を呼び出す、～に用事がある

ちょっと電話をかけて。	打一下电话。 Dǎ yí xià diàn huà ダ イ シャ ディェン ファ
電話をかけてもいい？	我可以打电话吗? Wǒ kě yǐ dǎ diàn huà ma ウォ カ イ ダ ディェン ファ マ
電話に出てもいい？	我可以接一下电话吗? Wǒ kě yǐ jiē yí xià diàn huà ma ウォ カ イ ジェ イ シャ ディェン ファ マ
(電話を）切るね。	我挂了哦。 Wǒ guà le o ウォ グァ ラ オ
電話を切って。	电话挂掉。 Diàn huà guà diào ディェン ファ グァ デャウ
電話をリダイヤルして。	电话重拨一下。 Diàn huà chóng bō yí xià ディェン ファ ツォン ボ イ シャ
私に電話して。	打给我。 Dǎ gěi wǒ ダ ゲイ ウォ

語句

「打电话」	電話をする、電話をかける
「可以～」	～してもよい
「接电话」	電話に出る、電話を受ける
「挂」	(電話を）切る
「挂掉」	切る
「重拨」	リダイヤルする

●**スマホ、携帯**

あなたの携帯番号は？	你手机几号? Nǐ shǒu jī jǐ hào ニ ソウ ジ ジ ハウ
電話するね。	我打给你。 Wǒ dǎ gěi nǐ ウォ ダ ゲイ ニ
もう一回かけて。	再打一次。 Zài dǎ yí cì ザイ ダ イ ツ
あなたの携帯が鳴っているよ。	你手机在响。 Nǐ shǒu jī zài xiǎng ニ ソウ ジ ザイ シャン
誰かの携帯が鳴っているよ。	谁的手机在响。 Shéi de shǒu jī zài xiǎng スェ ダ ソウ ジ ザイ シャン
携帯が切れた。	手机没电了。 Shǒu jī méi diàn le ソウ ジ メイ ディェン ラ
スマホを充電しなきゃ。	手机得充电了。 Shǒu jī děi chōng diàn le ソウ ジ ディ ツォン ディェン ラ

語句

「手机」	携帯
「几号」	何番
「在～」	～している
「响」	音がする、鳴る
「断线」	中断する、切れる
「充电」	充電する

●新居を探す

初期費用はいくらですか？
初期费用多少钱?
Chū qī fèi yòng duō shao qián
ツゥ チ フェ ヨン ドゥォ サウ チェン

手付金はいくらですか？
定金多少钱?
Dìng jīn duō shao qián
ディン ジン ドゥォ サウ チェン

仲介料はいくらですか？
中介费多少钱?
Zhōng jiè fèi duō shao qián
ズォン ジェ フェ ドゥォ サウ チェン

手数料はいくらですか？
手续费多少钱?
Shǒu xù fèi duō shao qián
ソウ シュィ フェ ドゥォ サウ チェン

契約しますか？
您要签约吗?
Nín yào qiān yuē ma
ニン ヤウ チェン ユェ マ

契約します。
要签。
Yào qiān
ヤウ チェン

契約しません。
不签。
Bù qiān
ブ チェン

語句		
	「多少钱」	いくら
	「定金」	手付金、前金
	「中介费」	仲介料
	「签约」	契約する
	「签」	サインする

Track 35

2

外出する、散歩

近所へ出かけたり、散歩に行ったり、ちょっとした外出のときに使える表現を紹介します。「コンビニ」は中国語で「**便利店**」（ビェンリディェン）と言います。

ちょっと出かけてくるね。
我出去一下。
Wǒ chū qù yí xià
ウォ ツゥ チュィ イ シャ

どこへ行くの？
你要去哪里?
Nǐ yào qù nǎ li
ニ ヤウ チュィ ナ リ

ちょっとコンビニへ（行く）。
去一下便利店。
Qù yí xià biàn lì diàn
チュィ イ シャ ビエン リ ディェン

ちょっとその辺まで（行く）。
就出去一下。
Jiù chū qù yí xià
ジョ ツゥ チュィ イ シャ

すぐ戻ってくるよ。
我去一下马上回来。
Wǒ qù yí xià mǎ shàng huí lái
ウォ チュィ イ シャ マ サン フェ ライ

一緒に行きたい。
我要跟你去。
Wǒ yào gēn nǐ qù
ウォ ヤウ ゲン ニ チュィ

私も連れて行って。
带我去。
Dài wǒ qù
ダイ ウォ チュィ

一緒に散歩に行こう。
一起去散步吧。
Yì qǐ qù sàn bù ba
イ チ チュイ サンブ バ

語句		
	「出去」	出かける、出て行く
	「便利店」	コンビニ
	「马上」	すぐに
	「回来」	戻ってくる
	「跟你」	あなたと
	「带～」	～を連れて

Track 36

身じたくをする

「服を着る」「メガネをかける」「靴をはく」など、いろいろ身じたくをするときの表現を紹介します。「**衬衫**（ツェンサン）」（シャツ）、「**裙子**（チュンズ）」（スカート）など、衣類の単語も覚えましょう。

●服を着がえる

着て。	穿上。 Chuān shàng ツゥアン サン
脱いで。	脱掉。 Tuō diào トゥォ デャウ
服を脱いで。	脱衣服。 Tuō yī fu トゥォ イ フ
服を着がえて。	换衣服。 Huàn yī fu ファン イ フ
シャツを着て。	穿衬衫。 Chuān chèn shān ツゥアン ツェン サン
スカートをはいて。	穿裙子。 Chuān qún zi ツゥアン チュン ズ
ズボンをはいて。	穿裤子。 Chuān kù zi ツゥアン ク ズ
パンツをはいて。	穿内裤。 Chuān nèi kù ツゥアン ネイ ク

語句

「脱掉」	脱ぐ
「穿」	着る、履く
「衬衫」	シャツ
「裙子」	スカート
「裤子」	ズボン
「内裤」	（下着の）パンツ

●ボタン、袖

シャツのボタンをかけて。

衬衫的扣子扣上。
Chèn shān de kòu zi kòu shàng
ツェン サン ダ コウ ズ コウ サン

シャツのボタンをはずして。

衬衫的扣子解开。
Chèn shān de kòu zi jiě kāi
ツェン サン ダ コウ ズ ジェ カイ

袖をまくって。

袖子卷起来。
Xiù zi juǎn qǐ lai
ショ ズ ジュェン チ ライ

袖をおろして。

袖子放下来。
Xiù zi fàng xià lái
ショ ズ ファン シャ ライ

●ソックス、靴

ソックスをはいて。

穿袜子。
Chuān wà zi
ツゥァン ワ ズ

靴をはいて。

穿鞋。
Chuān xié
ツゥァン シェ

靴を脱いで。

脱鞋。
Tuō xié
トゥォ シェ

語句		
	「扣子」	ボタン、ホック
	「扣上」	ボタンをかける
	「解开」	（ボタンを）はずす、解く
	「卷起」	（袖を）まくる
	「袜子」	ソックス、靴下
	「鞋子」	靴

●持ち物

帽子をかぶって。	戴帽子。 Dài mào zi ダイ マウ ズ
メガネをかけて。	戴眼镜。 Dài yǎn jìng ダイ イエン ジン
メガネをはずして。	摘眼镜。 Zhāi yǎn jìng ザイ イエン ジン
腕時計をして。	戴手表。 Dài shǒu biǎo ダイ ソウ ビャウ
腕時計をはずして。	摘手表。 Zhāi shǒu biǎo ザイ ソウ ビャウ
傘をさして。	打伞。 Dǎ sǎn ダ サン
傘を閉じて。	收伞。 Shōu sǎn ソウ サン

語句

「戴」	（帽子を）かぶる、（メガネを）かける
「眼镜」	メガネ
「摘」	（帽子・メガネなどを）はずす
「手表」	腕時計
「伞」	傘

Track 37

子供と外で遊ぶ

子供と外で遊ぶとき、走ったり、ジャンプしたり、いろいろな方向へ行ったりしますね。ケガなどをしないように「気をつけて」と言うとき、中国語で「**小心**」（シャウシン）と言います。

●体を動かす

走って。	跑步。 Pǎo bù パウ ブ
歩いて。	走路。 Zǒu lù ゾウ ル
立って。	站起来。 Zhàn qǐ lai ザン チ ライ
すわって。	坐下。 Zuò xià ズゥオ シャ
ジャンプして。	跳起来。 Tiào qǐ lai テャウ チ ライ
上見て。	看上面。 Kàn shàng miàn カン サン ミェン
下見て。	看下面。 Kàn xià miàn カン シャ ミェン

語句		
	「跑步」	走る、ランニングする
	「走路」	歩く、歩行する
	「跳起来」	飛び上がる、跳びはねる
	「看」	見る
	「上面」	上、表面
	「下面」	下

●手を動かす

両手を上げて。

举双手。
Jǔ shuāng shǒu
ジュィ スゥアン ソウ

右手を上げて。

右手举起来。
Yòu shǒu jǔ qǐ lai
ヨ ソウ ジュィ チ ライ

左手を上げて。

左手举起来。
Zuǒ shǒu jǔ qǐ lai
ズゥォ ソウ ジュィ チ ライ

拍手して。

鼓掌。
Gǔ zhǎng
グ ザン

●ケガに注意する

滑りやすいから気をつけて。

小心会滑。
Xiǎo xīn huì huá
シャウ シン フェ ファ

ケガしないように気をつけて。

小心不要受伤。
Xiǎo xīn bú yào shòu shāng
シャウ シン ブ ヤウ ソウ サン

頭に気をつけて。

小心頭。
Xiǎo xīn tóu
シャウ シン トウ

語句		
	「双手」	両手
	「鼓掌」	拍手する
	「小心」	気をつける
	「滑」	足を滑らせる
	「受伤」	ケガする、負傷する

●まわりを見る

右を見て。	看右边。 Kàn yòu bian カン ヨ ビェン
左を見て。	看左边。 Kàn zuǒ bian カン ズゥォ ビェン
後ろを見て。	看后面。 Kàn hòu mian カン ホウ ミェン
前を見て。	看前面。 Kàn qián mian カン チェン ミェン
回りを見て。	前后左右看一下。 Qián hòu zuǒ yòu kàn yí xià チェン ホウ ズゥォ ヨ カン イ シャ
こちらを見て。	看这里。 Kàn zhè li カン ゼ リ
左右を見て。	看左右两边。 Kàn zuǒ yòu liǎng biān カン ズゥォ ヨ リャン ビェン

語句

「看」	見る
「右边」	右、右側
「左边」	左、左側
「后面」	後ろ、後方
「前面」	前、前方
「这里」	ここ、こちら

Track 38

病気、ケガ

体の調子が良くないとき、「熱がある」「食欲がない」「お腹が痛い」などの表現を紹介します。「～が痛い」は中国語で「～痛（トン）」と言います。

元気ないね。

你看起来无精打采的。
Nǐ kàn qǐ lái wú jīng dǎ cǎi de
ニ カン チ ライ ウ ジン ダ ツァイ ダ

大丈夫？

你还好吧?
Nǐ hái hǎo ba
ニ ハイ ハウ バ

風邪を引いたみたい。

我好像感冒了。
Wǒ hǎo xiàng gǎn mào le
ウォ ハウ シャン ガン マゥ ラ

少し熱があるみたい。

我好像有点发烧。
Wǒ hǎo xiàng yǒu diǎn fā shāo
ウォ ハウ シャン ヨ ディェン ファ サウ

お医者さんに見てもらったほうがいいよ。

去给医生看看比较好。
Qù gěi yī shēng kàn kan bǐ jiào hǎo
チュィ ゲイ イ セン カン カン ビ ジャウ ハウ

お水をたくさん飲んで。

多喝水。
Duō hē shuǐ
ドゥォ ハ スエ

少しお水をちょうだい。

给我点水。
Gěi wǒ diǎn shuǐ
ゲイ ウォ ディェン スエ

忘れずに薬を飲んでね。

不要忘记吃药。
Bú yào wàng jì chī yào
ブ ヤウ ワン ジ ツ ヤウ

語句		
	「好像～」	～のようだ、～らしい
	「感冒」	風邪
	「发烧」	熱がある、発熱する
	「忘记」	忘れる、覚えていない
	「吃药」	薬を飲む

●**食欲**

食欲はある？	有食欲吗? Yǒu shí yù ma ヨ ス ユィ マ
何か少し食べる？	吃点什么吗? Chī diǎn shén me ma ツ ディェン セン モ マ
ご飯は食べられる？	吃得下饭吗? Chī de xià fàn ma ツ ダ シャ ファン マ
少し食べた。	吃了点。 Chī le diǎn ツ ラ ディェン
何を食べた？	你吃了什么? Nǐ chī le shén me ニ ツ ラ セン モ
食欲がない。	没食欲。 Méi shí yù メイ ス ユィ
何も食べたくない。	什么都不想吃。 Shén me dōu bù xiǎng chī セン モ ドゥォ ブ シャン ツ

語句		
	「有～吗？」	～はあるか？
	「点」	少し
	「什么」	何、何か
	「饭」	ご飯
	「什么都」	何も（～ない）
	「不想～」	～したくない

●けが

ここ、どうしたの？

你这里怎么了?
Nǐ zhè li zěn me le
ニ ゼ リ ゼン モ ラ

昨日、転んだの。

昨天跌倒了。
Zuó tiān diē dǎo le
ズゥォ ティエン ディエ ダウ ラ

自転車で転んだ。

骑自行车跌倒了。
Qí zì xíng chē diē dǎo le
チ ズ シン ツェ ディエ ダウ ラ

血が出ている。

流血了。
Liú xuè le
リョ シュェ ラ

コブができちゃったね。

都肿了一块。
Dōu zhǒng le yí kuài
ドゥォ ゾン ラ イ クァイ

炎症を起こしたね。

发炎了。
Fā yán le
ファ イエン ラ

語句	「跌倒」	転ぶ、倒れる
	「自行车」	自転車
	「流血」	血が出る、血が流れる
	「肿」	腫れる
	「一块」	ひとかたまり
	「发炎」	炎症を起こす

●手当をする

お薬をつけようね。	我帮你擦点药。 Wǒ bāng nǐ cā diǎn yào ウォ バン ニ ツァ ディエン ヤウ
ちょっと消毒するね。	消毒一下。 Xiāo dú yí xià シャウ ドゥ イ シャ
ちょっと我慢して。	忍耐一下。 Rěn nài yí xià レン ナイ イ シャ

●胃腸

昨日から下痢。	从昨天开始拉肚子。 Cóng zuó tiān kāi shǐ lā dù zi ツォン ズゥォ ティエン カイ ス ラ ドゥ ズ
この数日、ずっと便秘。	我这几天便秘。 Wǒ zhè jǐ tiān biàn mì ウォ ゼ ジ ティエン ビェン ミ

●女性の体調

妊娠しています。	我怀孕了。 Wǒ huái yùn le ウォ ファイ ユン ラ
更年期です。	更年期。 Gēng nián qī ゲン ニェン チ

語句

「药」	薬
「从～」	～から
「拉肚子」	お腹をこわす、下痢をする
「开始」	始まる
「这几天」	この数日
「怀孕」	妊娠する

●疲れ

疲れた？	累了吗? Lèi le ma レイ ラ マ
疲れてない？	不累吗? Bú lèi ma ブ レイ マ
疲れてない。	不累。 Bú lèi ブ レイ
ちょっと疲れた。	有点累了。 Yǒu diǎn lèi le ヨ ディェン レイ ラ
すごく疲れた。	累死了。 Lèi sǐ le レイ ス ラ
やる気になれない。	提不起劲。 Tí bù qǐ jìn ティ ブ チ ジン
まだ疲れを感じる。	总感觉很累。 Zǒng gǎn jué hěn lèi ゾン ガン ジュェ ヘン レイ

語句		
	「累」	疲れる
	「有点」	少し、ちょっと
	「起劲」	はりきってやる、力が入る
	「感觉」	感じる、思う

●痛み

痛い？	痛吗? Tòng ma トン　マ
痛くない？	不痛吗? Bú tòng ma ブ トンマ
どこが痛い？	哪里痛? Nǎ li tòng ナ リ トン
ここが痛い。	这里很痛。 Zhè li hěn tòng ゼ リ ヘン トン
歯が痛い。	牙齿痛。 Yá chǐ tòng ヤ ツ トン
お腹が痛い。	肚子痛。 Dù zi tòng ドゥ ズ トン
喉が痛い。	喉咙痛。 Hóu lóng tòng ホウ ロン トン
頭が痛い。	头好痛。 Tóu hǎo tòng トゥ ハウ トン

語句

「哪里」	どこ
「这里」	ここ
「牙齿」	歯
「肚子」	お腹
「喉咙」	のど
「头」	頭

体全体が痛い。

全身酸痛。
Quán shēn suān tòng
チュエン セン スゥアン トン

まだ痛い？

还很痛吗?
Hái hěn tòng ma
ハイ ヘントン マ

痛かったでしょう？

很痛吧?
Hěn tòng ba
ヘン トン バ

頭痛は収まった？

头痛好点了吗?
Tóu tòng hǎo diǎn le ma
トゥ トン ハウ ディェン ラ マ

蚊に刺された。

被蚊子叮了。
Bèi wén zi dīng le
ベイ ウン ズ ディン ラ

●体調の状況

今の気分はどう？

你现在觉得怎么样?
Nǐ xiàn zài jué de zěn me yàng
ニ シェン ザイ ジュエ ダ ゼン モ ヤン

だいぶ良くなった。

好很多了。
Hǎo hěn duō le
ハウ ヘン ドゥォ ラ

前と変わらないよ。

跟以前一样。
Gēn yǐ qián yí yàng
ゲン イ チェン イ ヤン

語句	「酸痛」	痛い、凝っている
	「头痛」	頭痛
	「蚊子」	蚊
	「叮」	刺す
	「很多」	たくさん
	「一样」	同じ、同様の

Track 39

病院、薬局

病院でお医者さんと話したり、自分の体調について説明したり、薬局で薬を買うときの表現を紹介します。薬を飲む頻度、例えば「一日３回」は中国語で「**一天三次**」（イティェンサンツ）と言います。

医者に見てもらいたい。

我想去看医生。
Wǒ xiǎng qù kàn yī shēng
ウォ シャン チュィ カン イ セン

救急車を呼んで。

叫救护车。
Jiào jiù hù chē
ジャウ ジョ フ ツェ

どこが具合悪いですか？

您哪里不舒服呢?
Nín nǎ li bù shū fu ne
ニン ナ リ ブ スゥ フ ナ

何科で見てもらったらいいか、わからない。

我不知道该看什么科。
Wǒ bù zhī dao gāi kàn shén me kē
ウォ ブ ズ ダウ ガイ カン セン モ カ

ちょっと体温を測りましょう。

量一下体温。
Liáng yí xià tǐ wēn
リャン イ シャ ティ ウン

口を開けて。

张开嘴巴。
Zhāng kāi zuǐ ba
ザン カイ ズゥェ バ

口を閉じて。

闭起嘴巴。
Bì qǐ zuǐ ba
ビ チ ズゥェ バ

語句		
	「医生」	医者、医師
	「救护车」	救急車
	「不舒服」	具合が良くない
	「量」	測る、計る
	「张开」	開ける、広げる
	「嘴巴」	口

目を開いて。

張大眼睛。

Zhāng dà yǎn jīng

ザン ダイエン ジン

目を閉じて。

闭上眼睛。

Bì shàng yǎn jīng

ビ サン イエン ジン

注射しますね。

打针哦。

Dǎ zhēn o

ダ ゼン オ

少し痛いかもしれません。

会有点痛哦。

Huì yǒu diǎn tòng o

フェ ヨ ディェン トン オ

私は花粉症です。

我有花粉症。

Wǒ yǒu huā fěn zhèng

ウォ ヨ ファ フェン ゼン

私は喘息持ちです。

我有气喘。

Wǒ yǒu qì chuǎn

ウォ ヨ チ ツゥアン

私は普段から頭痛持ちです。

我平常就有头痛。

Wǒ píng cháng jiù yǒu tóu tòng

ウォ ピン ツァン ジョ ヨ トウ トン

私は心臓病です。

我有心脏病。

Wǒ yǒu xīn zàng bìng

ウォ ヨ シン ザン ビン

語句		
	「眼睛」	目
	「闭上」	閉じる
	「打针」	注射する
	「气喘」	喘息
	「头痛」	頭痛
	「心脏病」	心臓病

私は糖尿病です。
我有糖尿病。
Wǒ yǒu táng niào bìng
ウォ ヨ タン リャウ ビン

私は卵にアレルギーがあります。
我对蛋过敏。
Wǒ duì dàn guò mǐn
ウォ ドゥェ ダン グォ ミン

私は牛乳にアレルギーがあります。
我对牛奶过敏。
Wǒ duì niú nǎi guò mǐn
ウォ ドゥェ ニョ ナイ グォ ミン

●医者との会話

診断書を発行してほしいです。
我要开诊断书。
Wǒ yào kāi zhěn duàn shū
ウォ ヤウ カイ ゼン ドゥァン スウ

薬はどこでもらいますか？
在哪里拿药?
Zài nǎ li ná yào
ザイ ナ リ ナ ヤウ

●会計、保険

治療費は高いですか？
医药费很贵吗?
Yī yào fèi hěn guì ma
イ ヤウ フェイ ヘン グェ マ

保険に入っていない。
我没有保险。
Wǒ méi yǒu bǎo xiǎn
ウォ メイ ヨ バウ シェン

語句		
	「蛋」	卵
	「过敏」	アレルギーがある
	「牛奶」	牛乳
	「开」	書く、出す、発行する
	「拿药」	薬を受け取る
	「贵」	高い

●薬局で薬を買う

近くに薬局はありますか？

附近有药店吗?
Fù jìn yǒu yào diàn ma
フ ジンヨ ヤウディェンマ

この薬はどこで買える？

这药哪儿买得到?
Zhè yào nǎr mǎi de dào
ゼ ヤウ ナア マイダ ダウ

風邪薬を買いたいです。

我想买感冒药。
Wǒ xiǎng mǎi gǎn mào yào
ウォ シャン マイ ガン マウ ヤウ

胃薬を買いたいです。

我想买胃药。
Wǒ xiǎng mǎi wèi yào
ウォ シャン マイ ウェ ヤウ

二日酔いの薬を買いたいです。

我想买解酒药。
Wǒ xiǎng mǎi jiě jiǔ yào
ウォ シャン マイ ジェ ジョ ヤウ

鎮痛剤をください。

我要止痛药。
Wǒ yào zhǐ tòng yào
ウォ ヤウ ズ トン ヤウ

語句		
	「附近」	近くに、付近
	「药局」	薬局
	「买」	買う
	「感冒药」	風邪薬
	「胃药」	胃薬
	「止痛药」	鎮痛剤

●薬を飲む

一日に何回飲めばいいですか？ 一天要吃几次?
Yì tiān yào chī jǐ cì
イ ティェン ヤウ ツ ジ ツ

一日3回。 一天三次。
Yì tiān sān cì
イ ティェン サン ツ

一回2錠。 一次二颗。
Yí cì liǎng kē
イ ツ リャン カ

この薬を飲んでみて。 吃这个药看看。
Chī zhè ge yào kàn kan
ツ ゼ ガ ヤウ カン カン

うまく飲み込めない。 吞不下去。
Tūn bú xià qù
トゥン ブ シャ チュィ

とりあえず市販薬を飲むよ。 我先吃点成药吧。
Wǒ xiān chī diǎn chéng yào ba
ウォ シェン ツ ディェン ツェン ヤウ バ

語句

「一天」	一日
「三次」	三回、三度
「～颗」	～個、～粒、～錠
「～看看」	～してみる
「吞」	飲み込む
「成药」	市販の薬、製造された薬

Track 40

天気、気候

日常会話で天気について話す機会は多いですね。「天気がいい」「天気が悪い」「暑い」「暖かい」「寒い」「涼しい」など、ふだんよく使う表現を覚えましょう。

今日、天気がいいね。	今天天气真好。 Jīn tiān tiān qì zhēn hǎo ジン ティェン ティェン チ ゼン ハウ
本当に気持ちいい天気。	真舒服的天气。 Zhēn shū fu de tiān qì ゼン スゥ フ ダ ティェン チ
イヤな天気。	不舒服的天气。 Bù shū fu de tiān qì ブ スゥ フ ダ ティェン チ
天気が悪い。	天气很糟。 Tiān qì hěn zāo ティェン チ ヘン ザウ
空気がきれい。	空气很好。 Kōng qì hěn hǎo コン チ ヘン ハウ
空気が悪い。	空气很糟糕。 Kōng qì hěn zāo gāo コン チ ヘン ザウ ガウ
風が強い。	刮大风。 Guā dà fēng グァ ダ フォン
外は雨だ。	外面下雨。 Wài miàn xià yǔ ワイ ミェン シャ ユィ

語句

「今天」	今日
「舒服」	気持ちよい、心地よい
「糟」	悪い、ダメだ、ひどい
「糟糕」	まずい
「刮」	風が吹く
「大风」	強風

●暖かい、暑い

暖かい。	好温暖。 Hǎo wēn nuǎn ハウ ウェン ヌァン
暑い？	热吗? Rè ma ラ マ
暑くない？	不热吗? Bú rè ma ブ ラ マ
暑い。	好热。 Hǎo rè ハウ ラ
蒸し暑い。	好闷热。 Hǎo mēn rè ハウ メン ラ
東京よりもっと暑いです。	比东京还热。 Bǐ Dōng jīng hái rè ビ ドン ジン ハイ ラ
もうすぐ夏ですね。	夏天快到了。 Xià tiān kuài dào le シャ ティェン クァイ ダウ ラ

語句		
	「温暖」	暖かい、温暖である
	「热」	暑い、熱い
	「闷热」	蒸し暑い
	「比～还…」	～よりもっと…
	「夏天」	夏
	「快到了」	もうすぐ～、そろそろ～

●涼しい、寒い

涼しくなったね。	天气变凉了。 Tiān qì biàn liáng le ティェン チ ビェン リャン ラ
寒い？	冷吗? Lěng ma レン マ
寒くない？	不冷吗? Bù lěng ma ブ レン マ
寒い。	好冷。 Hǎo lěng ハウ レン
ちょっと肌寒い。	有点凉意。 Yǒu diǎn liáng yì ヨ ディェン リャン イ

語句

「变凉」	涼しくなる、冷える
「冷」	寒い
「～吗？」	～か？
「有点」	ちょっと、少し
「凉意」	肌寒い、ヒヤッとする

Lesson 8

コミュニケーション

日常会話では、あいづち、呼びかけ、注意など、ちょっとした「ひとこと表現」もよく使われます。自分の希望を述べたり、報告･連絡･相談など、様々なシーンで使える表現を紹介します。

Track 41

1

あいづち、話しかける

人と会話をしているときにあいづちを打ったり、つなぎ言葉を使うことがよくありますね。街で誰かに「すみません」と声をかけたり、エレベーターなどで「お先にどうぞ」と譲ったり、いろいろなシーンで使える表現を紹介します。

●あいづち、つなぎ言葉

なるほど。	原来如此。 Yuán lái rú cǐ ユェン ライ ル ツ
それから？	然后呢? Rán hòu ne ラン ホウ ナ
でも…	但是… Dàn shì ダン ス
しかし…	可是… Kě shì カ ス
そうだ…	对了… Duì le ドゥェ ラ
実を言うと…	老实说… Lǎo shí shuō ラウ ス スゥォ
とりあえず。	先这样吧。 Xiān zhè yàng ba シェン ゼ ヤン バ

語句

「原来」	もともと
「如此」	そのように、このように
「然后」	そして、そのうえ
「老实」	正直である、誠実である
「说」	言う、話す
「这样」	このように、そのように

●話しかける、声をかける

すみません。／おたずねします。 **请问。**
Qǐng wèn
チン ウェン

ちょっと待って。 **等一下。**
Děng yí xià
デン イ シャ

ちょっとお邪魔します。 **打扰一下。**
Dǎ rǎo yí xià
ダ ラウイ シャ

誰かいますか？ **有人在家吗?**
Yǒu rén zài jiā ma
ヨ レン ザイ ジャ マ

お急ぎですか？ **您有急用吗?**
Nín yǒu jí yòng ma
ニンヨ ジ ヨン マ

どうかされましたか？ **您有什么事?**
Nín yǒu shén me shì
ニン ヨ セン モ ス

今、お話しても大丈夫ですか？ **现在方便说话吗?**
Xiàn zài fāng biàn shuō huà ma
シェン ザイ ファン ビェン スゥォ ファ マ

お並びください。 **请排队。**
Qǐng pái duì
チン パイ ドエイ

お足元にご注意ください。 **请注意脚下。**
Qǐng zhù yì jiǎo xià
チン ズゥ イ ジャウ シャ

語句	「打扰」	おじゃまする
	「说话」	話す
	「排」	並ぶ
	「脚下」	足元

●ひとこと

お先にどうぞ。

您先来。
Nín xiān lái
ニン シェン ライ

こちらへどうぞ。

这边请。
Zhè bian qǐng
ゼ ビエン チン

ご自由にどうぞ。

您随意。
Nín suí yì
ニン スェ イ

ご自由にご覧ください。

请随便看。
Qǐng suí biàn kàn
チン スェ ビェン カン

お手数をおかけしました。

麻烦你了。
Má fan nǐ le
マ ファン ニ ラ

お疲れさまでした。

辛苦了。
Xīn kǔ le
シン ク ラ

お待たせしました。

让您久等了。
Ràng nín jiǔ děng le
ラン ニン ジョ デン ラ

お時間を取らせました。

耽误您的时间了。
Dān wù nín de shí jiān le
ダン ウ ニンダ スジェン ラ

ご協力に感謝します。

我感谢您的合作。
Wǒ gǎn xiè nín de hé zuò
ウォ ガン シェ ニン ダ ハ ズゥオ

語句		
	「麻烦」	トラブル、面倒
	「辛苦」	大変である
	「耽误」	ムダにする、支障をきたす
	「协力」	協力する

Track 42

知らせる、報告する、確認する

お知らせ、報告、連絡、確認などはビジネスで必須の表現です。「打算」という言葉は日本語にもありますが、中国語で「**打算**（ダスゥァン）〜」は「〜するつもりです」という意味です。

●お知らせ、報告

あなたにお知らせしたいことがあります。 我有件事想通知你。
Wǒ yǒu jiàn shì xiǎng tōng zhī nǐ
ウォ ヨ ジェン ス シャン トン ズ ニ

皆さんにお知らせがあります。 有件事想告诉大家。
Yǒu jiàn shì xiǎng gào su dà jiā
ヨ ジェン ス シャン ガウ スゥ ダ ジャ

良いお知らせです。 是件好事。
Shì jiàn hǎo shì
ス ジェン ハウ ス

悪いお知らせです。 是坏消息。
Shì huài xiāo xi
ス ファイ シャウ シ

●予定を言う

申し込みをするつもりなんだ。 我打算报名。
Wǒ dǎ suàn bào míng
ウォ ダ スゥアン バウ ミン

週末は仕事なんだ。 周末有工作。
Zhōu mò yǒu gōng zuò
ゾウ モ ヨ ゴン ズゥォ

語句		
	「告诉」	告げる、知らせる
	「大家」	皆さん
	「坏」	悪い、好ましくない
	「报名」	申し込む、応募する
	「周末」	週末
	「工作」	仕事

●確認する

わかる？	你明白吗? Nǐ míng bai ma ニ ミン バイ マ
わかった？	明白了吗? Míng bai le ma ミン バイ ラ マ
わかった。	明白了。 Míng bai le ミン バイ ラ
わからない。	不明白。 Bù míng bai ブ ミン バイ
忘れたの？	你忘了吗? Nǐ wàng le ma ニ ワン ラ マ
忘れた。	忘了。 Wàng le ワン ラ
忘れてない。	没忘。 Méi wàng メイ ワン

語句

「明白」	わかる、理解する
「～吗？」	～か？　～ですか？
「不～」	～しない
「忘」	忘れる、覚えていない
「没～」	～ない

できる？	你可以吗? / 你会吗? Nǐ kě yǐ ma　Nǐ huì ma ニ カ イ マ　ニ フェ マ
全然できない。	完全不会。 Wán quán bú huì ワン チュェン ブ フェ
できた？	好了吗? Hǎo le ma ハウ ラ マ
もうできた？	做好了吗? Zuò hǎo le ma ズゥォ ハウ ラ マ
まだできない？	还没好吗? Hái méi hǎo ma ハイ メイ ハウ マ
まだ。	还没。 Hái méi ハイ メイ
終わった？	结束了吗? Jié shù le ma ジェ スゥ ラ マ
まだ終わってない？	还没完吗? Hái méi wán ma ハイ メイ ワン マ

語句

「可以～」	～できる
「会～」	～できる
「做」	する、やる、行う
「还没」	まだ（～ない）
「结束」	おわる、終了する
「完」	終わる、片づく

Track 43

依頼する、希望・感想を言う

依頼、許可などもビジネスで必須の表現です。「**请**（チン）～」は「～してください」と言うときの丁寧な言い方です。「**想**（シャン）～」（～したい）、「**可以**（カイ）～」（～してもよい）もよく使われますので覚えておきましょう。

●依頼する

確認してください。	请确认。 Qǐng què rèn チン チュエ レン
返事をください。	请回复。 Qǐng huí fù チン フェ フ
できるだけ早く返事をください。	请尽快回复。 Qǐng jǐn kuài huí fù チン ジン クァイ フェ フ
何かあったら、また連絡してください。	有什么事，请再联系我。 Yǒu shén me shì qǐng zài lián xi wǒ ヨ セン モ ス チン ザイ リェン シ ウォ
私を手伝ってくれる？	你可以帮我吗? Nǐ kě yǐ bāng wǒ ma ニ カ イ バン ウォ マ
ちょっと来てくださいますか？	可不可以请你来一下? Kě bu kě yǐ qǐng nǐ lái yí xià カ ブ カ イ チン ニ ライ イ シャ
承認していただけますか？	可以承认一下吗? Kě yǐ chéng rèn yí xià ma カ イ ツェン レン イ シャ マ

語句

「确认」	確認する
「回复」	返事をする、回答する
「尽快」	できるだけ早く、至急
「联系」	連絡する、連絡を取る
「帮」	手伝う、助ける
「承认」	承認する

●希望を言う、伝える

あなたに聞きたい。
我想问你。
Wǒ xiǎng wèn nǐ
ウォ シャン ウェン ニ

うちに帰りたい。
我想要回家。
Wǒ xiǎng yào huí jiā
ウォ シャン ヤウ フェ ジャ

行かなければなりません。
我得走了。
Wǒ děi zǒu le
ウォ デイ ゾウ ラ

●許可を求める

タバコを吸ってもいい？
我可以抽烟吗?
Wǒ kě yǐ chōu yān ma
ウォ カ イ ツォ イエン マ

ここに車を停めてもいい？
我可以停在这里吗?
Wǒ kě yǐ tíng zài zhè li ma
ウォ カ イ ティン ザイ ゼ リ マ

いいですよ。
可以。
Kě yǐ
カ イ

ダメです。
不可以。
Bù kě yǐ
ブ カ イ

語句		
	「问」	たずねる、質問する
	「回家」	家に帰る、帰宅する
	「得～」	～しなければならない
	「走」	行く、出発する、移動する
	「抽烟」	タバコを吸う
	「停」	停める、ストップする

●感想を言う

いいと思う。
我觉得不错。
Wǒ jué de bú cuò
ウォ ジュエ ダ ブ ツォ

悪くない。
不错。
Bú cuò
ブ ツォ

まあまあ。
还可以。
Hái kě yǐ
ハイ カ イ

うらやましい。
好羡慕。
Hǎo xiàn mù
ハウ シェン ム

賛成です。
我同意。
Wǒ tóng yì
ウォ トン イ

反対です。
我反对。
Wǒ fǎn duì
ウォ ファン ドェ

そんなに簡単じゃないよ。
没那么简单。
Méi nà me jiǎn dān
メイ ナ モ ジェン ダン

これは貴重な経験です。
这是很宝贵的经验。
Zhè shì hěn bǎo guì de jīng yàn
ゼ ス ヘン バウ グェ ダ ジン イェン

語句		
	「觉得」	感じる、思う
	「不错」	悪くない、良い
	「羡慕」	うらやましく思う
	「同意」	賛成する、同意する
	「那么～」	そんなに～、それほど～
	「宝贵」	貴重な、大切な

Track 44

アドバイスする、話し合う

アドバイス、質問、提案など、話し合いや会議などで使われる表現を紹介します。「**我有**（ウォヨ）～」は、（質問・提案・条件など）「～があります」と言うときに使える便利な表現です。

●アドバイスする、話し合う

少しディスカッションしよう。 **我们讨论一下吧。**
Wǒ men tǎo lùn yí xià ba
ウォ メン タウ ルン イ シャ バ

何かアドバイスありませんか？ **你有什么建议吗?**
Nǐ yǒu shén me jiàn yì ma
ニ ヨ セン モ ジェン イ マ

私の認識は合ってる？ **我的认知对吗?**
Wǒ de rèn zhī duì ma
ウォ ダ レン ズ ドゥェ マ

私が正しい？ **我是对的吗?**
Wǒ shì duì de ma
ウォ ス ドゥェ ダ マ

あなたは誤解しています。 **你误会了。**
Nǐ wù huì le
ニ ウ フェ ラ

あなたは勘違いしています。 **你会错意了。**
Nǐ huì cuò yì le
ニ フェ ツォ イ ラ

あなたは間違っています。 **你错了。**
Nǐ cuò le
ニ ツォ ラ

私を信じてください。 **你相信我。**
Nǐ xiāng xìn wǒ
ニ シャン シン ウォ

語句		
	「建议」	助言、意見、提案、アドバイス
	「认知」	認識、認知
	「对」	合っている、正しい
	「误会」	誤解する
	「错」	行き違う、間違える

あなたは彼女に謝るべきですよ。 **你应该跟她道歉的。**
Nǐ yīng gāi gēn tā dào qiàn de
ニ イン ガイ ゲン タ ダウ チェン ダ

聞いたことがあります。 **听说过。**
Tīng shuō guo
ティン スゥォ グォ

よく聞きます。 **常常听到。**
Cháng cháng tīng dào
ツァン ツァン ティン ダウ

友達から聞きました。 **我听朋友说了。**
Wǒ tīng péng you shuō le
ウォ ティン ポン ヨ スゥォ ラ

●伝聞

明日は台風が来るそうだ。 **听说明天台风要来。**
Tīng shuō míng tiān tái fēng yào lái
ティンスゥォ ミン ティェンタイフォン ヤウ ライ

明日は雪が降るそうだ。 **听说明天会下雪。**
Tīng shuō míng tiān huì xià xuě
ティンスゥォ ミン ティェンフェ シャ シュエ

語句	「应该～」	～すべきである
	「她」	彼女
	「道歉」	謝る、わびる
	「听说」	耳にする、聞く
	「～过」	～したことがある
	「朋友」	友達、友人

●質問する、提案する

1つ質問があります。

我有一个问题。
Wǒ yǒu yí ge wèn ti
ウォ ヨ イ ガ ウェン ティ

1つ提案があります。

我有一个建议。
Wǒ yǒu yí ge jiàn yì
ウォ ヨ イ ガ ジェン イ

別の案があります。

我有别的提议。
Wǒ yǒu bié de tí yì
ウォ ヨ ビェ ダ ティ イ

2つ条件があります。

我有两个条件。
Wǒ yǒu liǎng ge tiáo jiàn
ウォ ヨ リャン ガ テャウ ジェン

●賛成、反対

あなたのご意見は？

你的意见呢?
Nǐ de yì jiàn ne
ニ ダ イ ジェン ナ

それでいいと思います。

这样就好。
Zhè yàng jiù hǎo
ゼ ヤン ジョウ ハウ

その案に賛成です。

我赞同这个提议。
Wǒ zàn tóng zhè ge tí yì
ウォ ザン トン ゼ ガ ティ イ

その案に反対です。

我反对这个提议。
Wǒ fǎn duì zhè ge tí yì
ウォ ファン ドェ ゼ ガ ティ イ

語句		
	「一个」	1つ、1個
	「建议」	提案、申し出
	「两个」	2つの、2個
	「赞同」	賛成する
	「提议」	提案

Track 45

とっさのひとこと

トラブル、ハプニングなど、何かが起きたときのとっさの表現を紹介します。「禁煙」「駐車禁止」「携帯のマナーモード」など、公共の場で必要な表現も覚えておきましょう。

泥棒！	小偷! Xiǎo tōu シャウ トウ
スリだ！	扒手! Pá shǒu パ ソウ
つかまえて！	抓住他! Zhuā zhù tā ズゥア ズゥ タ
事故です！	出事了! Chū shì le ツゥ ス ラ
地震だ！	地震! Dì zhèn ディ ゼン
火事だ！	火灾! Huǒ zāi フォ ザイ
助けてください。	帮帮忙。 Bāng bāng máng バン バン マン
助けてくれる？	可以帮我一下吗? Kě yǐ bāng wǒ yí xià ma カ イ バン ウォ イ シャ マ

語句

「抓住」	捕まえる
「他」	彼
「出事」	（事故・事件が）起こる
「帮忙」	（困っている人を）手助けする、手伝う
「可以～」	～できる
「帮」	手助けする、手伝う

●注意を呼びかける、禁止する

危ない。

危险。
Wēi xiǎn
ウェ シェン

押さないで。

不要推。
Bú yào tuī
ブ ヤウ トェ

触らないで。

不要摸。
Bú yào mō
ブ ヤウ モ

ちょっとどいてください。

让一下。
Ràng yí xià
ラン イ シャ

廊下を走ってはいけません。

不可以在走廊跑步。
Bù kě yǐ zài zǒu láng pǎo bù
ブ カ イ ザイ ゾウ ラン パウ ブ

悪いことをしてはいけません。

不可以做坏事。
Bù kě yǐ zuò huài shì
ブ カ イ ズゥォ ファイ ス

語句		
	「推」	押す
	「摸」	触る、なでる
	「让」	譲る
	「走廊」	廊下、回廊
	「跑步」	走る
	「坏事」	悪いこと、悪事

●公共のマナー

静かにしてください。
请安静。
Qǐng ān jìng
チン アン ジン

携帯はマナーモードにしてください。
手机请关静音。
Shǒu jī qǐng guān jìng yīn
ソウ ジ チン グァン ジン イン

ここは禁煙です。
这里禁烟。
Zhè li jìn yān
ゼ リ ジン イェン

ここは駐車禁止です。
这里不能停车。
Zhè li bù néng tíng chē
ゼ リ ブ ネン ティン ツェ

ここにゴミを捨てないでください。
请不要把垃圾丢在这里。
Qǐng bú yào bǎ lā jī diū zài zhè li
チン ブ ヤウ バ ラ ジ デョ ザイ ゼ リ

語句		
	「请~」	どうぞ、~してください
	「安静」	静かである、平穏である
	「手机」	携帯電話
	「关」	（スイッチを）切る、閉める

著者
趙怡華（ザウ・イーファー）

東京外国語大学院修士課程修了。韓国延世大学語学堂、アメリカ EWU、スペインなどに短期留学。現在は中国語・台湾語の通訳人。通訳業の傍ら、音楽・放送・漫画など多様な翻訳作業に携わっている。
著書：『中国語会話フレーズブック』『たったの 72 パターンでこんなに話せる中国語会話』『台湾語会話フレーズブック』『たったの 72 パターンでこんなに話せる台湾語会話』（以上、明日香出版社）、『やさしい接客中国語カタコト会話帳』『やさしい台湾語カタコト会話帳』（すばる舎）他多数。

日常中国語の基本の基本フレーズが身につく本

2023 年 6 月 30 日 初版発行
2024 年 4 月 23 日 第 5 刷発行

著者　趙怡華
発行者　石野栄一
発行　明日香出版社
〒 112-0005 東京都文京区水道 2-11-5
電話 03-5395-7650
https://www.asuka-g.co.jp
装丁　末吉喜美
本文イラスト　たかおかおり
組版　株式会社デジタルプレス
印刷・製本　株式会社フクイン

ISBN978-4-7569-2239-7